Correspondência Comercial Eficaz

Editado por **John A. Carey**

Actual Editora
Conjuntura Actual Editora, Lda.

Missão

Editar livros no domínio da Gestão e da Economia e tornar-se uma editora de referência nestas áreas. Ser reconhecida pela sua qualidade técnica, **actualidade** e relevância de conteúdos, imagem e *design* inovador.

Visão

Apostar na facilidade e compreensão de conceitos e ideias que contribuam para informar e formar estudantes, professores, gestores e todos os interessados, para que através do seu contributo participem na melhoria da sociedade e gestão das empresas em Portugal e nos países de língua oficial portuguesa.

Estímulos

Encontrar novas edições interessantes e **actuais** para as necessidades e expectativas dos leitores das áreas de Economia e de Gestão. Investir na qualidade das traduções técnicas. Adequar o preço às necessidades do mercado. Oferecer um *design* de excelência e contemporâneo. Apresentar uma leitura fácil através de uma paginação estudada. Facilitar o acesso ao livro, por intermédio de vendas especiais, *website, marketing,* etc.

Transformar um livro técnico num produto atractivo. Produzir um livro acessível e que, pelas suas características, seja **actual** e inovador no mercado.

Correspondência Comercial Eficaz

Editado por **John A. Carey**

ACTUAL EDITORA
www.actualeditora.com
Lisboa — Portugal

Actual Editora

Conjuntura Actual Editora, Lda.

Caixa Postal 180

Rua Correia Teles, 28-A

1350-100 Lisboa

Portugal

TEL: (+351) 21 3879067

FAX: (+351) 21 3871491

Website: www.actualeditora.com

Título original: *Business Letters for Busy People.*

Copyright © 2002 de National Press Publications, uma divisão de Rockhurst College Continuing Education Center, Inc.

Edição original publicada por The Career Press, USA.

Edição: Actual Editora – Abril de 2008

Todos os direitos para a publicação desta obra em Portugal reservados por Conjuntura Actual Editora, Lda.

Tradução: Rita Taborda

Revisão: Marta Pereira da Silva

Design **da capa:** Brill Design, UK

Paginação: Fernando Mateus

Gráfica: Guide – Artes Gráficas, Lda.

Depósito legal: 273987/08

ISBN: 978-989-8101-31-0

Nenhuma parte deste livro pode ser utilizada ou reproduzida, no todo ou em parte, por qualquer processo mecânico, fotográfico, electrónico ou de gravação, ou qualquer outra forma copiada, para uso público ou privado (além do uso legal como breve citação em artigos e críticas) sem autorização prévia por escrito da Conjuntura Actual Editora.

Este livro não pode ser emprestado, revendido, alugado ou estar disponível em qualquer forma comercial que não seja o seu actual formato sem o consentimento da sua editora.

Vendas especiais:

O presente livro está disponível com descontos especiais para compras de maior volume para grupos empresariais, associações, universidades, escolas de formação e outras entidades interessadas. Edições especiais, incluindo capa personalizada para grupos empresariais, podem ser encomendadas à editora. Para mais informações contactar Conjuntura Actual Editora, Lda.

ÍNDICE

Introdução	**11**
1. O início	**13**
Quatro considerações sobre uma carta comercial	13
Organização	15
Os Sete "Cês" do Estilo	18
Resumo	19
2. Partes de uma carta comercial	**21**
Cabeçalho ou timbre	21
Data	22
Registo	22
Confidencial	22
Morada do receptor	22
Destinatário	22
Saudação	23
Assunto	23
Corpo da carta	23
Saudação final	24
Assinatura	24
Informação adicional	24
Post-scriptum	24
Instruções de envio	25
3. Formatação de uma carta comercial	**27**
Bloco	28
Bloco modificado	28
Semibloco modificado	29
Simplificada	29
Parágrafo avançado	30
Memorando	30
4. Cartas de cobrança	**31**
Guia passo a passo	31
Notificação - Carta 1	33
Lembrança - Carta 2	33

Indagação - Carta 3	34
Urgência - Carta 4	34
Aviso Final/Ultimato - Carta 5	35
Fundos insuficientes - Carta 6	35
Agradecimento pelo pagamento - Carta 7	36
Pagamento extraviado/Pedido de desculpas - Carta 8	36
Checklist	37

5. Cartas de vendas e promoções — **39**

Guia passo a passo	40
Solicitação de reunião - Carta 9	41
Seguimento de uma recomendação - Carta 10	41
Carta de vendas para um potencial cliente - Carta 11	42
Carta de vendas a um cliente actual - Carta 12	42
Carta de apresentação - Carta 13	43
Carta de seguimento de carta enviada - Carta 14	43
Ausência de resposta - Carta 15	44
Ausência prolongada de resposta - Carta 16	44
Seguimento das vendas - Carta 17	45
Confirmação de uma encomenda - Carta 18	45
Lembrar que uma promoção está prestes a terminar - Carta 19	46
Anunciar uma campanha de vendas, promoção ou programa de incentivos - Carta 20	46
Anunciar uma campanha de vendas para clientes preferenciais - Carta 21	47
Anunciar novos produtos a um grupo seleccionado de clientes - Carta 22	47
Anunciar um aumento de preços - Carta 23	48
Carta informativa com instruções - Carta 24	48
Carta informativa com pedido - Carta 25	49
Carta informativa com sugestão - Carta 26	49
Carta com informações - Carta 27	50
Carta informativa sobre vendas - Carta 28	50
Carta de brochuras - Carta 29	51
Carta informativa para um cliente actual - Carta 30	51
Checklist	52

6. Cartas de felicitação e agradecimento — **53**

Guia passo a passo	54
Agradecer uma sugestão - Carta 31	55
Apreço - Carta 32	55
Aniversário oficial - Carta 33	56
Discurso - Carta 34	56

Convites - Cartas 35 e 36	57
Felicitações - Cartas 37, 38 e 39	58-59
Agradecimento pelo bom trabalho: vendedor externo - Carta 40	59
Reconhecer sucessos - Cartas 41, 42, 43 e 44	60-61
Seguimento de uma venda - Carta 45	62
Explicar a política e a posição - Carta 46	62
Encorajamento - Carta 47	63
Anunciar novas regalias - Carta 48	63
Adaptação - Carta 49	64
Checklist	65

7. Cartas sobre actividades da comunidade — **67**

Guia passo a passo	68
Solicitação de fundos - Carta 50	69
Agradecimento e pedido de fundos - Carta 51	69
Reconhecimento e evento para angariação de fundos - Carta 52	70
Agradecimento por uma contribuição - Carta 53	70
Agradecimento por um sucesso - Carta 54	71
Gratidão - Carta 55	71
Pedido de subsídio - Carta 56	72
Convite para adesão - Carta 57	72
Recusa de um pedido - Carta 58	73
Manifestação de apreço - Carta 59	73
Nomeação para cargo - Carta 60	74
Elogio - Carta 61	74
Convite para discursar - Carta 62	75
Elogio a um orador - Carta 63	75
Checklist	76

8. Cartas comerciais pessoais — **77**

Guia passo a passo	78
Felicitações - Cartas 64 e 65	79
Parabéns pelo aniversário - Carta 66	80
Boas Festas - Carta 67	80
Nascimento de um filho - Carta 68	81
Casamento - Carta 69	81
Doença — Hospital - Carta 70	82
Agradecimento - Carta 71	82
Pedido de desculpas - Carta 72	83
Indagação - Carta 73	83

Pedido - Carta 74	84
Recusa - Carta 75	84
Checklist	85

9. Cartas de condolências — **87**

Guia passo a passo	88
Pela morte de um parceiro de negócios - Carta 76	89
Pela morte da mãe - Carta 77	89
Pela morte do pai - Carta 78	90
Pela morte da esposa - Carta 79	90
Pela morte do marido - Carta 80	91
Pela morte de um filho - Carta 81	91
Checklist	92

10. Cartas sobre mudanças de emprego — **93**

Guia passo a passo	95
Pedido de referências - Carta 82	96
Abdicar da confidencialidade - Carta 83	96
Pedido de reunião - Carta 84	97
Candidato à procura de emprego a solicitar uma entrevista - Carta 85	97
Confirmação de entrevista - Carta 86	98
Agradecimento pela entrevista - Carta 87	98
Candidatura espontânea - Carta 88	99
Cartas de apresentação para o *curriculum vitae* - Cartas 89 e 90	99-100
Pedido de entrevista - Carta 91	100
Resposta a candidatura espontânea - Carta 92	101
Candidatura a emprego - Carta 93	101
Candidato à procura de emprego com contactos - Carta 94	102
Candidatura solicitada - Carta 95	102
Aceitação de emprego - Carta 96	103
Rejeição de emprego - Carta 97	103
Não aceitação de possível oferta de emprego - Carta 98	104
Demissão positiva - Carta 99	104
Demissão negativa - Carta 100	105
Resposta a oferta de emprego: referência às condições - Carta 101	105
Pedido de referências de emprego - Carta 102	106
Referências para antigos colaboradores - Carta 103	106
Cartas de recomendação - Cartas 104 e 105	107
Referências de personalidade - Carta 106	108
Carta de apresentação - Carta 107	108

Relatório de progresso - Carta 108	109
Rejeição de candidatura - Carta 109	109
Resposta a candidatura de emprego rejeitada - Carta 110	110
Seguimento após não conseguir um emprego - Carta 111	110
Rejeição de uma candidatura interna - Carta 112	111
Rejeição de uma candidatura espontânea - Carta 113	111
Rejeição de uma candidatura solicitada - Carta 114	112
Convite para uma entrevista - Carta 115	112
Ofertas de emprego - Cartas 116, 117 e 118	113-114
Novo colaborador - Carta 119	114
Promoções - Cartas 120, 121 e 122	115-116
Aceitação de demissão - Carta 123	116
Recomendar um aumento - Carta 124	117
Rejeição de negócios não solicitados - Carta 125	117
Carta de instruções - Carta 126	118
Pedido de informação - Carta 127	118
Confirmação para orador - Carta 128	119
Dar informações - Carta 129	119
Terminar relacionamentos de negócios - Cartas 130 e 131	120
Rejeitar um pedido - Carta 132	121
Apresentar um novo colaborador - Carta 133	121
Checklist	122

11. Cartas sobre o relacionamento com os clientes — 123

Guia passo a passo	124
Apreço geral - Carta 134	125
Confirmar a recepção de uma reclamação - Carta 135	125
Seguimento de uma reclamação - Carta 136	126
Reconquistar a confiança de um cliente - Carta 137	126
Confirmar a recepção de uma reclamação — negar responsabilidade - Carta 138	127
Confirmar a recepção de uma reclamação — explicar um mal-entendido - Carta 139	127
Corrigir um erro - Carta 140	128
Pedido de desculpas - Carta 141	128
Confirmar a recepção de uma encomenda — encomenda em espera - Carta 142	129
Confirmar a recepção de uma encomenda — explicar procedimentos de envio - Carta 143	129
Pedir desculpas pela acção de um colaborador - Carta 144	130
Informar clientes sobre uma mudança - Carta 145	130
Votos de Boas Festas - Carta 146	131
Aviso de reclamações - Cartas 147, 148, 149, 150 e 151	131-132-133
Checklist	134

12. Cartas para os *media* — **135**

Guia passo a passo — 136
Carta sobre um evento – lançamento de uma campanha de vendas - Carta 152 — 137
Carta sobre um evento – livro recentemente publicado - Carta 153 — 137
Carta sobre um evento – aniversário - Carta 154 — 138
Nota à imprensa – aniversário - Carta 155 — 138
Nota à imprensa – palestra - Carta 156 — 139
Nota à imprensa – promoção - Carta 157 — 139
Nota à imprensa – novo colaborador - Carta 158 — 140
Carta a pedir para fazer um discurso - Carta 159 — 140
Carta a solicitar uma correcção - Carta 160 — 141
Checklist — 142

13. Correio electrónico — **143**

Guia passo a passo — 144
Anúncio de reunião - *E-mail* 1 — 146
Anúncio de alteração do estatuto de um cliente - *E-mail* 2 — 146
Pedido de ajuda - *E-mail* 3 — 147
Pedido de materiais encomendados - *E-mail* 4 — 147
Oferta de projecto - *E-mail* 5 — 148
Seguimento de projecto - *E-mail* 6 — 148
Elogio a colaborador pelo trabalho - *E-mail* 7 — 149
Checklist — 150

INTRODUÇÃO

Este livro foi concebido para ser utilizado e não apenas para ser lido. Além do impacto da leitura fácil da informação "como escrever" em cada capítulo, todas as secções têm também *checklists*, cartas prontas a ser utilizadas e directrizes para o ajudarem a fazer melhor o trabalho, com mais eficácia e mais facilidade – agora! É literalmente um manual do utilizador para qualquer um.

Correspondência Comercial Eficaz apresenta informações precisas, técnicas úteis e dicas práticas. Nesse sentido não tem de fazer uma pesquisa interminável, normalmente pouco produtiva, para procurar o que pretende. Este guia fornece-lhe recursos de aprendizagem concisos e fáceis de utilizar, que lhe trarão resultados concretos. Observe a organização e não fique surpreendido se começar a folhear as páginas na procura de informação sobre factos e problemas comerciais fáceis de resolver.

As margens chamam deliberadamente a atenção, agindo como um pequeno índice. Leia os capítulos que sejam realmente importantes para si. Embora haja uma lógica e ordem na concepção do livro, pode lê-lo na ordem que mais lhe convier. Cada capítulo é independente.

De certeza que irá considerar este livro útil. Leia-o, copie-o e aja de acordo com os seus conselhos. Ler um bom livro desperta a nossa mente, mas muitas vezes não leva à acção; fechamo-lo impassíveis. Neste, a sua leitura leva à acção – e a acção é a chave para o sucesso.

GARY WEINBERG
Vice president da National Press Publications

Capítulo 1
O INÍCIO

Independentemente do seu cargo é uma pessoa muito ocupada. Por isso, quer utilizar o seu tempo da forma mais eficaz possível.

A correspondência comercial exige tempo, mas pode escrever cartas mais rapidamente se adoptar alguns princípios básicos. (Se estiver com pressa, salte para os Capítulos 4 a 13 para ver amostras dos tipos de cartas que precisa de escrever.) Este capítulo parte do princípio que tem algum tempo livre para rever como pode escrever uma carta.

Lembre-se destes três pontos quando escrever uma carta:
1. As cartas comerciais têm um objectivo.
2. As cartas comerciais são caras.
3. As cartas comerciais servem como registo.

A correspondência comercial tem um objectivo: comunicar informação. Despendem-se inúmeras horas e enviam-se demasiadas cartas que pouco ou nada dizem. É uma perda de tempo para o remetente e para o receptor. Além disso, quando os salários do redactor e do dactilógrafo – juntamente com o custo proporcional do equipamento e dos portes – são incluídos, a correspondência comercial não sai barata. É importante que seja rentável. Porquê escrever uma carta comercial? Porque as cartas comerciais servem como registo. São uma prova duradoura e tangível de informações que comunica aos outros.

Quatro considerações sobre uma carta comercial

As quatro áreas que tem de ter em consideração em todas as cartas comerciais estão apresentadas em baixo. Se não considerar cada uma delas, a sua carta será ineficaz:
1. Assunto.
2. Audiência.
3. Objectivo.
4. Estilo/Organização.

> Num estudo sobre 800 cartas escritas por executivos de topo nos EUA, todas foram consideradas curtas, elucidativas e pessoais.
>
> Quando se tornaram CEO, tinham aprendido a nunca enviar uma carta que não reflectisse os três princípios básicos de escrever bem.

Assunto

Todos os textos – desde a carta comercial ao romance – têm um assunto. Felizmente, no mundo dos negócios o assunto é geralmente específico. Muitas vezes é-lhe transmitido por alguém, como um colega ou o chefe, ou exigido por uma situação, como contratar ou felicitar um colaborador.

É um facto: quanto mais específico for o assunto, mais fácil é escrever a carta. Por exemplo, digamos que precisa de pedir informações sobre uma encomenda que não chegou dentro do prazo. Se for responsável pelo cliente, escrever a carta é fácil. Se não, é mais difícil para si escrever a carta do que para quem sabe todos os pormenores. Independentemente da situação, limite-se a abordar um ou dois assuntos por carta. Incluir mais do que dois torna-a confusa. Escreva outra carta se tiver mais do que dois assuntos.

Audiência

Esta área é traiçoeira, porque pode não conhecer a sua audiência. Se conhece, pode adaptar a sua carta. Contudo, muitas vezes a sua audiência é maior do que previa. A sua carta pode estar dirigida a António Melo, mas pode ser lida por outros na empresa de António Melo para fomentar a acção que pretende. Se não tiver a certeza sobre a audiência, presuma que são pessoas educadas e razoáveis, até prova em contrário. Não assuma que têm tanto conhecimento sobre o assunto da carta como você, pois pode levá-lo a generalizar demasiado ou a esquecer-se de incluir detalhes importantes.

> **Teste: E então?**
>
> Quando tiver terminado um rascunho da carta, leia cada parágrafo e pergunte a si próprio: "E então?", da mesma forma que um novo leitor o faria. Se não conseguir responder com base no parágrafo, pondere deixá-lo de fora.

Objectivo

Muitas cartas são enviadas com um assunto e uma audiência específicos em mente, mas não são transparentes em relação ao objectivo.

Questione por que está a enviar a carta. É para informar? É para pedir informações? Para enviar felicitações? Condolências? É para o receptor satisfazer um pedido? Estes são objectivos muito diferentes. Provavelmente já recebeu uma carta que, depois de a ler, o deixou confuso, porque não percebia exactamente o que dizia. O objectivo não era claro.

Estilo/Organização

As três primeiras áreas ditam o conteúdo, direcção e ênfase da carta.

1. Saber sobre o QUE está a escrever – ASSUNTO.

2. Saber para QUEM está a escrever – AUDIÊNCIA.

3. Saber POR QUE está a escrever – OBJECTIVO.

Agora está pronto para se preocupar COMO vai escrever a carta. As três primeiras áreas podem ser determinadas numa questão de minutos, se estiver familiarizado com as ideias que precisam de ser comunicadas. A quarta área – estilo e organização – leva mais tempo. (Se estiver pressionado pelo tempo, consulte as amostras de cartas nos Capítulos 4 a 13.)

Organização

Grande parte deste livro é dedicado à forma como diferentes tipos de cartas são organizadas. Contudo, a organização básica para o corpo de uma carta comercial é a que se segue:

Parte 1: Indique o seu objectivo.

Parte 2: Explique o que quer que aconteça ou explique as informações que tem.

Parte 3: Solicite uma acção datada, conclua ou agradeça ao leitor a resposta.

> "A brevidade é a alma da sabedoria."
>
> — WILLIAM SHAKESPEARE

Tenha em atenção que são partes ou secções e não parágrafos. Em alguns casos, em particular na Parte 2, as partes podem consistir em mais do que um parágrafo. Vamos analisar cada uma delas.

Parte 1

Seja directo em relação ao assunto na primeira frase da carta. Quando lê um romance espera ter informações de enquadramento antes de a história começar. Quando lê uma carta comercial, pretende saber imediatamente o que vai acontecer. Lembre-se, o seu leitor não tem mais tempo a perder com uma longa carta do que você.

Esta parte consiste geralmente num parágrafo curto. Qualquer texto demasiado longo irá fazer com que o leitor perca a paciência.

Parte 2

É "o pão e a manteiga" da carta. Explica a informação que está a fornecer ou o que quer que o receptor faça. Não precisa de ser elaborada, mas obriga a incluir todas as informações de que o receptor necessita.

Se tiver muitas informações, separe-as em pequenos parágrafos, faça uma lista ou uma referência a um anexo. Sublinhar as informações essenciais é uma forma de salientar pontos importantes para o seu leitor.

A carta deve ser organizada de forma a ajudar o receptor a perceber o que saber ou o que fazer.

> Explique o que vai dizer, diga-o e depois explique o que disse.

Parte 3

Tal como a primeira parte, trata-se geralmente de um parágrafo curto. Nas aulas de escrita é denominada por conclusão – é uma boa maneira de se lembrar da sua função. Dependendo do objectivo da sua carta, irá fazer uma de três coisas.

> - Indique o seu objectivo.
> - Explique o que quer que aconteça ou as informações que tem.
> - Solicite uma acção datada, conclua, agradeça ao leitor.

1. **Concluir.** Numa carta informativa, permite-lhe salientar a questão mais importante ou resumir todos os pontos-chave numa frase.
2. **Levar à acção.** Em cartas que exigem uma resposta, como as cartas de cobrança, define a acção que quer que o receptor tenha. Nesta parte, diz ao receptor o que fazer e quando fazer. Ser vago leva a resultados vagos. Seja específico.
3. **Agradecer ao leitor.** Em algumas cartas, esta parte é apenas um agradecimento pela atenção do receptor, resposta ou preocupação.

Em muitos aspectos, a metodologia para escrever uma carta comercial é como a regra prática para fazer um discurso: explique o que vai dizer, diga-o e depois explique o que disse.

O exemplo de carta que se segue indica como cada uma destas três partes funciona.

O INÍCIO 17

Peças e Acessórios, Lda.
Rua Sebastião Pereira • Setúbal

2 de Outubro de 20XX

Carlos Silva, Director
Transportes Silva, Setúbal

Ex.mo Senhor Carlos Silva,

Agradecemos o seu atencioso serviço. As últimas 15 encomendas chegaram intactas. Nunca tínhamos trabalhado com um fornecedor com um registo tão bom como o vosso. Agradecemos o esforço extra que exige o envio da nossa encomenda intacta e dentro do prazo.

> **PARTE 1**
> INDIQUE O SEU OBJECTIVO

O Afonso Pereira e o Luís Semedo entregaram as encomendas ao nosso supervisor de cargas. Anexei as cópias dos registos de velocidade para verificar. Repare que o tempo de descarga é aproximadamente metade do dos outros transportadores para uma carga semelhante. O Afonso e o Luís ajudaram frequentemente a nossa equipa a descarregar os contentores.

> **PARTE 2**
> EXPLIQUE O QUE QUER QUE ACONTEÇA OU EXPLIQUE A INFORMAÇÃO QUE TEM

Fazer negócios com a vossa organização é um prazer. Poupam-nos dinheiro ao eliminarem o tempo e desperdício de transporte fornecendo condutores eficientes. Por favor, aceite os certificados de mérito que se encontram em anexo dirigidos à Transportes Silva, ao Afonso e ao Luís, com o nosso agradecimento. Vamos recomendar no futuro aos nossos clientes e vendedores a Transportes Silva para satisfazer as suas necessidades de transporte.

> **PARTE 3**
> PEÇA UMA DATA, ACÇÃO, CONCLUA, AGRADEÇA AO LEITOR

Atentamente,
João Faria

Estilo é a forma como escreve a carta. A correspondência comercial utilizava habitualmente um estilo que poderia ser denominado de "comercialês", uma linguagem formal, inflexível. Agora isso já não acontece. O estilo predominante é factual e informal. Desaparecem frases como "o acima mencionado" e "devido ao facto de". O ritmo de vida de hoje exige que as pessoas de negócios sejam mais sociáveis nas comunicações escritas, para serem mais eficazes. Os Sete "Cês" do Estilo irão ajudá-lo a tornar-se mais eficaz.

Os Sete "Cês" do Estilo:

> "A escrita, quando bem realizada, não é mais do que um nome diferente para conversar."
>
> — LAURENCE STERNE

1. **Coloquial.** Escreva da forma como fala. Livre-se das frases pomposas. Porquê dizer "devido ao facto de" quando pode dizer "porque"? Normalmente diria "a informação acima mencionada"? Por que não "a informação" ou, se precisa de referir-se a um determinado ponto, "a informação anterior"?

2. **Claro.** O objectivo da clareza é que o leitor compreenda exactamente o que lhe está a dizer. A linguagem da sua carta deve ser adaptada ao receptor. Isto significa que deve escrever num tom factual, coloquial. Utilize exemplos específicos com que o leitor se possa identificar. Não assuma que o seu leitor compreende a gíria do seu negócio. Lembre-se que a maior parte das cartas vão ser lidas por outros para além do receptor da carta. Estes podem não estar familiarizados com a linguagem técnica ou a gíria que utiliza. Um estilo claro também significa organizar a sua carta para que cada parágrafo contenha apenas uma ideia importante e apresentar as ideias numa ordem lógica. A sua carta não deve ser uma colecção de ideias dispersas. Deve ter um único objectivo.

3. **Conciso.** Uma carta concisa elimina todas as palavras desnecessárias. Porquê utilizar quatro palavras, "tendo em consideração que", quando pode utilizar uma palavra, "porque"? Isto não significa que não pode escrever cartas longas, mas quanto mais longa for a carta, mais ineficaz se torna. É melhor escrever uma carta curta com anexos do que uma longa e pormenorizada. As cartas pequenas são lidas e recordadas; as cartas longas são lidas superficialmente e arquivadas.

4. **Completo.** Certifique-se de que incluiu todas as informações que o leitor precisa de saber. (Não inclua pormenores que são interessantes, mas não relevantes.) O maior problema em relação a deixar de fora informações é que o leitor tem de fazer suposições. Por exemplo, não diga "Na última vez que falámos da situação" quando pode dizer "Quando falámos no dia 8 de Junho sobre contratar um novo assistente administrativo."

Lembre-se que o receptor não pode ler a sua mente. Apenas pode adivinhar o que deixou de fora.

5. **Concreto.** Utilize termos específicos que não podem ser mal interpretados. Não diga "A grande encomenda que fizemos não chegou". Diga "A encomenda de dez mil lavatórios que fizemos no dia 3 de Maio de 20XX não chegou no dia 20 de Junho". Identifique nomes e números. Escreva sobre o que os outros podem prever ou fazer. Inclua o que eles podem ver, tocar, cheirar, provar ou ouvir. Por outras palavras, torne a sua linguagem tangível. Torne-a concreta.

6. **Construtivo.** Utilize palavras e expressões que dão um tom positivo. As palavras construtivas são como um sorriso quando cumprimenta alguém. Deixam uma boa impressão. Palavras como "fracasso", "negligenciou" e "erro" têm tendência a distanciar o receptor do redactor. Palavras como "agradável", "orgulhoso" e "sucesso" ajudam a criar um tom positivo.

7. **Correcto.** O último passo na escrita de uma carta comercial é relê-la. Verifica automaticamente a sua imagem num espelho antes de sair ou encontrar-se com alguém. A carta que envia é a sua imagem no papel. Se estiver cheia de erros de ortografia, gramaticais e tipográficos, irá afastá-lo daquilo que tenta conseguir. A reacção será "Não sabe escrever" ou "Não sabe escrever num teclado".

Se tiver um assistente, não parta do princípio de que este sabe escrever ou fazer a pontuação. Felizmente, a maior parte sabe, mas releia as suas cartas. Porquê? Porque é o seu nome que está na assinatura no final da página, não é o do seu assistente. Será o seu nome que ficará mal visto.

> "As palavras apropriadas nos locais próprios são a verdadeira definição de estilo."
>
> — JONATHAN SWIFT

Resumo

Escrever uma carta comercial não é difícil, desde que não se esqueça de que está a comunicar com outros empresários. Se incluir o Assunto, Audiência, Objectivo e Estilo/Organização na sua correspondência, estará no caminho certo para melhorar a escrita da correspondência comercial.

Capítulo 2
PARTES DE UMA CARTA COMERCIAL

Uma carta comercial tem muitas partes – algumas obrigatórias, outras opcionais. Este capítulo irá rever essas partes e a sua ordem.

As áreas de uma carta comercial são as seguintes:

1. Cabeçalho ou timbre.
2. Data.
3. Registo (opcional).
4. Confidencial (opcional).
5. Morada do receptor.
6. Destinatário (opcional).
7. Saudação (opcional).
8. Assunto (opcional).
9. Corpo da carta.
10. Saudação final (opcional).
11. Assinatura.
12. Informação adicional (opcional).
13. *Post-scriptum* (opcional).
14. Instruções de envio (opcional).

Cabeçalho ou timbre

A maior parte das cartas de negócios de uma empresa são escritas no papel timbrado dessa empresa. Se estiver a escrever uma carta comercial pessoal ou a sua empresa não usar papel timbrado, então terá de incluir a morada da empresa no cabeçalho (ver o Capítulo 3 para os vários formatos).

> Nos EUA, o formato padrão para as datas é mês/dia/ano: Março 15, 20XX.
>
> Na Europa, o formato mais usado é dia/mês/ano: 15 de Março de 20XX.

Data

Quando está a usar um cabeçalho em vez de papel timbrado, coloque a data na primeira linha e a morada nas linhas seguintes como se segue:

9 de Setembro de 20XX
Largo de São Francisco, 15
1000-000 Lisboa

Esta deve ser a data em que a carta é escrita (ver o Capítulo 3 para a localização nos vários formatos). Assegure-se de que escreve o mês e que inclui tanto o dia como o ano para uma referência adequada.

Registo

Em algumas ocasiões, pode ser adequado incluir o registo do projecto, caso ou encomenda a que se refere a carta. O registo deve estar fisicamente separado da data por dois espaços e da parte que se segue (Confidencial ou Morada do receptor) também por dois espaços.

Confidencial

Utilize esta palavra quando aquele a quem a carta é dirigida for a única pessoa que deve lê-la. Separe fisicamente a palavra do resto da carta por duas linhas. Para assegurar a confidencialidade, inclua a palavra "Confidencial" no envelope.

Morada do receptor

Deve incluir o nome daquele a quem está a escrever, o cargo dele (se disponível), o nome da empresa e a morada da empresa.

Destinatário

É utilizado quando não sabe o nome da pessoa a quem está a escrever e a carta é dirigida à empresa. Por exemplo, o destinatário pode dizer "Ao cuidado de: Director de Contabilidade". Pode também ser usado quando sabe o nome da pessoa a quem está a escrever mas não tem a certeza do cargo. O destinatário pode dizer "Ao cuidado de: Serviço ao Cliente", indicando a quem recebe a carta que esta tem também de ser encaminhada para o departamento de serviço ao cliente. Outra forma de fazer isto é utilizar a parte do destinatário e enviar cópias da carta para o departamento apropriado.

Saudação

A saudação é utilizada em todos os formatos (ver Capítulo 3), excepto na Carta Simples e no Memorando. As saudações que se seguem são utilizadas nas cartas comerciais:

- Ex.mo Senhor, (pode ser seguido do cargo, como Ex.mo Senhor Director,)
- Ex.ma Senhora, (pode ser seguido do cargo, como Ex.ma Senhora Directora,)
- Ex.mos Senhores,
- Ex.mas Senhoras,
- Ex.mo Senhor João Matias, (o nome pode ser antecedido pelo título académico, como Ex.mo Senhor Eng. João Matias,)
- Ex.ma Senhora Ana Tavares, (o nome pode ser antecedido pelo título académico, como Ex.ma Senhora Dra. Ana Tavares,)
- Estimados Senhores e Senhoras,
- Caro Director de Pessoal,
- A quem interessar, ou A QUEM INTERESSAR, (utilize esta forma em último recurso)

> **Atenção:** Tem de determinar a escolha apropriada, tendo em conta o receptor e a situação. Se não tiver a certeza sobre o sexo do seu receptor, evite assumir o género na saudação. Use o nome do receptor sempre que o souber. Investigadores descobriram que se tem mais disponibilidade para ler uma carta que tem o nosso nome na saudação.

Se estiver a dirigir-se a um grupo em geral, como o departamento de expedição, não parta do pressuposto que são todos homens. O antigo "Senhores:" não é aceitável. É preferível "Agentes de expedição:". A outra forma de usar uma saudação quando não tiver a certeza para quem está a escrever é a Carta Simplificada (ver Capítulo 3).

Geralmente não nos importamos se não for utilizada a saudação adequada, mas reparamos e apreciamos quando o fazem.

Assunto

É mais comum o assunto ser utilizado na Carta Simplificada. Anuncia o assunto da carta e dá uma indicação do seu objectivo.

Corpo da carta

Aqui é onde faz os pedidos, transmite informações, motivos ou responde a alguém. É a parte principal da carta comercial (ver Capítulo 3 para os vários formatos do corpo).

Saudação final

Varia na formalidade e existe em todas as cartas comerciais, com excepção da Carta Simplificada e do Memorando (ver Capítulo 3 para a sua colocação). As saudações finais que se seguem estão em ordem decrescente de formalidade:

- De V. Exa. Atentamente,
- Respeitosamente,
- Saudações cordiais,
- Cordialmente,
- Com os melhores cumprimentos,
- Cumprimentos,
- Atentamente,

A mais apropriada, em situações gerais, é a última.

Assinatura

Deve haver quatro linhas entre a saudação final (ou o corpo na Carta Simplificada) e o seu nome dactilografado, para dar espaço para a sua assinatura.

Informação adicional

Se necessária, consiste nas iniciais do remetente em letras maiúsculas seguidas de uma barra (/), seguida das iniciais do dactilógrafo também em letras maiúsculas. Também pode encontrar as abreviaturas "cc:" ou "xc:" nas cópias enviadas, seguidas dos nomes de quem recebeu as cópias. Se houver anexos, deverá vir essa indicação através da palavra "Anexo:".

Post-scriptum

O "P.S." indica informação adicional que podia ter sido incluída na carta, mas que por alguma razão não foi. Utilizado com frequência nas vendas, o *post-scriptum* pode enfatizar um pedido de acção ou análise. É muitas vezes a primeira coisa que o receptor lê. Utilize-o para o atrair ou motivar. O *post-scriptum* é especialmente eficaz nas vendas ou cartas formais.

Instruções de envio

Utilize-as para dar ao receptor prazos ou informações pertinentes para enviar uma resposta.

Quando analisar os principais formatos no Capítulo 3, é óbvio que muitas das partes acima descritas não são obrigatoriamente utilizadas na correspondência comercial rotineira. No entanto, ajuda estar consciente de todas, no caso de precisar de usar alguma delas.

Capítulo 3
FORMATAÇÃO DE UMA CARTA COMERCIAL

As formatações das cartas comerciais evoluíram ao longo dos anos. Se andou na escola antes dos anos 70, provavelmente aprendeu uma forma básica de carta comercial, agora denominada Semibloco Modificado. Era a ruína de qualquer aprendiz de dactilógrafo, devido às regras rigorosas do espaçamento. Felizmente, os negócios moveram-se no sentido de simplificar e proporcionar alternativas. Agora pode escolher entre seis modelos diferentes, alguns extremamente simples, outros mais complexos. Os seis modelos de cartas comerciais utilizados com mais frequência são:

- Bloco
- Bloco Modificado
- Semibloco Modificado
- Simplificado
- Texto avançado
- Memorando

É provável que a sua organização tenha preferência por um modelo. Nos que se seguem, parte-se do pressuposto que estará a utilizar papel timbrado. Se estiver a escrever uma carta comercial pessoal sem timbre, coloque a sua morada uma linha acima ou abaixo da data, como nos exemplos que se seguem:

3 de Agosto de 20XX

Rua Conde Redondo, 79
1167-002 Lisboa

ou

Rua Conde Redondo, 79
1167-002 Lisboa

3 de Agosto de 20XX

Bloco

O modelo de Bloco é de longe o mais simples. Cada parte da carta começa na margem esquerda, com espaços entre cada uma. Tem um aspecto profissional. As partes são colocadas por esta ordem: data, registo, morada do receptor, destinatário, saudação, assunto, corpo, saudação final, assinatura, nome dactilografado e informação adicional.

Calçados Raposo
Estrada Cidreira • 3025-300 Coimbra • 239 XXX XXX

10 de Agosto de 20XX

XXX

Rodrigo Teixeira
Multivalor Lda
R. Teixeira Caetano 500
4785-183 Trofa

Ao cuidado de: Presidente da Multivalor Lda

Ex.mo Senhor Rodrigo Teixeira,

Assunto: XXXXXXXX

XXXXXXXXXXXXXXXXXXXXXXXXXXXXXXXXX
XXXXXXXXXXX

XXXXXXXXXXXXXXXXXXXXXXXXXXXXXXXXX
XXXXXXXXXX

Atentamente,

Assinatura

Pedro Mateus

P.S. XXXXXXXXX

XXXXXXXXX

- Cabeçalho
- Data (2-3 espaços)
- Registo
- Morada do receptor (2-3 espaços)
- Destinatário (2-3 espaços)
- Saudação (2-3 espaços)
- Assunto
- Corpo (2 espaços entre parágrafos)
- Saudação final (4 espaços para a assinatura)
- Assinatura
- Nome dactilografado (2-3 espaços)
- *Post-scriptum*
- Instruções de envio

Bloco Modificado

Tal como o Bloco, o Bloco Modificado tem a vantagem de separar os parágrafos, de modo a fazer sobressair cada um. O espaçamento entre secções é o mesmo do Bloco. A data, a assinatura e a saudação final são colocadas à direita, fazendo com que sobressaiam. A saudação final e a assinatura são alinhadas e colocadas perto do centro da carta, dois espaços abaixo do último parágrafo.

Calçados Raposo
Estrada Cidreira • 3025-300 Coimbra • 239 XXX XXX

10 de Agosto de 20XX

Rodrigo Teixeira
Multivalor Lda
R. Teixeira Caetano 500
4785-183 Trofa

Ex.mo Senhor Rodrigo Teixeira,

XXXXXXXXXXXXXXXXXXXXXXXXXXXXXXXXX
XXXXXXXXXXXXXXXXXXXXXXXXXXXXX

XXXXXXXXXXXXXXXXXXXXXXXXXXXXXXXXX
XXXXXXXXXXXXXXXX

Atentamente,

Assinatura

Pedro Mateus

- Cabeçalho
- Data (à direita, próximo do centro)
- Morada do receptor (margem esquerda)
- Saudação (2-3 espaços)
- Corpo (margem esquerda com 2 espaços entre parágrafos)
- Saudação final (à direita, próximo do centro)
- Assinatura (à direita, próximo do centro)
- Nome dactilografado

FORMATAÇÃO DE UMA CARTA COMERCIAL

Semibloco Modificado

Irá reconhecer o Semibloco Modificado como o modelo que é ensinado com mais frequência sob a designação de "carta comercial". É idêntico ao Bloco Modificado, excepto no facto de os parágrafos estarem avançados cinco espaços. O resto é igual.

Simplificada

É útil quando não sabe o cargo da pessoa a quem está a escrever ou quando está a escrever para uma empresa, agência governamental ou organização. Elimina os títulos de cortesia (Senhor, Senhora, Dr., Eng.), as saudações e as saudações finais. O essencial da carta está no corpo e no que se quer dizer. O espaçamento é igual à formatação do Bloco.

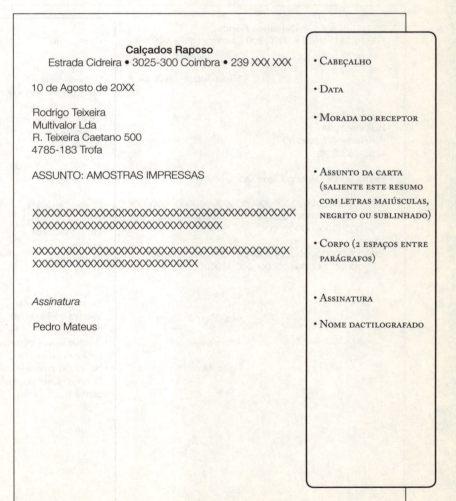

Parágrafo avançado

Também poderá encontrar esta formatação. A principal vantagem é salientar o corpo e cada um dos parágrafos. O espaçamento entre as linhas e as secções é o mesmo dos exemplos anteriores.

Memorando

O sexto modelo de carta é o Memorando. Embora seja utilizado principalmente como uma forma de comunicação dentro da empresa, por vezes é usado como formato de carta comercial. O topo do memorando indica a data, o(s) nome(s) do(s) receptor(es), o nome do(s) remetente(s) e o assunto. Por vezes a abreviatura "RE" (resposta) é utilizada em vez de "Assunto". Esta informação é colocada na margem esquerda. O corpo do Memorando tem a mesma formatação do Bloco. A assinatura e a informação adicional são opcionais. A assinatura é muitas vezes colocada perto do centro, com a informação adicional na margem esquerda.

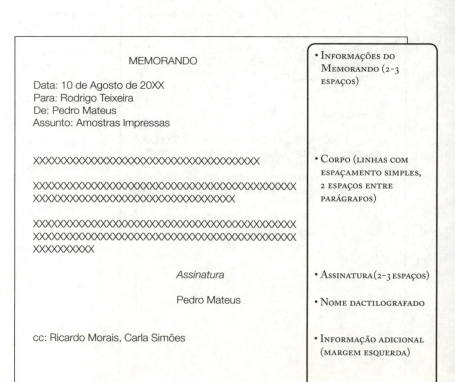

Capítulo 4
CARTAS DE COBRANÇA

Este capítulo apresenta exemplos de cartas de cobrança que poderá ter de escrever.
Os tipos de cartas de cobrança incluídos são:

- Notificação.
- Lembrança.
- Indagação.
- Urgência.
- Aviso final/Ultimato.
- Fundos insuficientes.
- Agradecimento pelo pagamento.
- Pagamento extraviado/Pedido de desculpas.

Nesta secção, irá encontrar na margem da página uma pequena descrição de cada parte da carta. A primeira carta identifica cada uma delas. As seguintes identificam apenas as alterações à formatação básica.

Guia passo a passo

O objectivo das cartas de cobrança é conseguir que o cliente pague uma conta que venceu.

Passo 1: Verifique a ortografia do nome do receptor. Utilize um título de cortesia que especifique o género apenas se tiver a certeza do sexo do receptor. Não há nada mais embaraçoso ou irritante do que receber uma carta de cobrança, excepto receber uma que não esteja correctamente endereçada.

Passo 2: A primeira parte da carta deve expressar a preocupação e a situação (data de aquisição, quantia em débito e data em que venceu).

Passo 3: A parte seguinte deve indicar o prazo para pagar a dívida e as multas que daí podem resultar. Também pode revelar a política da sua empresa em relação a pagamentos atrasados, períodos de graça, multas ou planos de pagamento alternativos.

Passo 4: A terceira parte da carta deve indicar as consequências de não pagar. Inicialmente podem ser multas mas, à medida que o tempo passar, pode incluir avisos de reputação de crédito arruinada ou envolvimento de uma empresa de cobranças.

Passo 5: A parte final da carta deve encorajar o receptor a enviar o pagamento total ou a contactá-lo para acordar um esquema de pagamento. Termine com optimismo e uma atitude positiva de que a situação será resolvida satisfatoriamente.

Nota: Encontra-se no final deste capítulo uma *checklist* para utilizar quando escrever cartas de cobrança.

CARTAS DE COBRANÇA   **33**

Notificação

Este tipo de carta é para notificar o receptor de que a factura está vencida.

CARTA 1

Confecções do Norte
Rua do Rosário, 36 • 4750-304 Barcelos

5 de Julho de 20XX

Rafael dos Santos
Rua 7 de Abril
2810-055 Almada

Ex.mo Senhor Rafael dos Santos,

Agradecemos a compra que realizou. É um cliente importante. Apreciamos o seu negócio e sabemos que quer manter a sua conta-corrente connosco.

No dia 15 de Maio de 20XX, adquiriu mercadoria no valor de 319,04 euros no nosso armazém de Almada. O pagamento de 100 euros já venceu.

No acordo de crédito que assinou, concordou saldar a conta em três pagamentos. O primeiro pagamento de 100 euros venceu no dia 15 de Junho de 20XX. Agradecíamos que nos enviasse agora essa quantia.

O não pagamento dentro do prazo pode afectar a sua capacidade de adquirir mercadorias no nosso armazém. Agradecemos a atenção dispensada a este assunto.

Poderá ligar-me para o número de tel. --- --- --- se tiver alguma dúvida ou questão. Queremos continuar a fazer negócios consigo.

Atentamente,

Assinatura

Luís Valadares
Gestor de Crédito

- CABEÇALHO
- DATA (2–3 ESPAÇOS)
- MORADA DO RECEPTOR (2–3 ESPAÇOS)
- SAUDAÇÃO
- MOSTRE INTERESSE
- INDIQUE A SITUAÇÃO
- REFIRA O PRAZO
- EXPLIQUE AS CONSEQUÊNCIAS
- INDIQUE O CONTACTO
- MOSTRE OPTIMISMO
- SAUDAÇÃO FINAL
- ASSINATURA
- NOME DACTILOGRAFADO

Lembrança

Esta carta relembra o receptor de que a factura já venceu e o pagamento ainda não foi efectuado. Concentre-se em comportamentos e evite suposições. Dizer "Não recebemos o pagamento" é um comportamento. Dizer "Não enviou o pagamento" é uma suposição. Seja positivo.

CARTA 2

Confecções do Norte
Rua do Rosário, 36 • 4750-304 Barcelos

5 de Agosto de 20XX

Rafael dos Santos
Rua 7 de Abril
2810-055 Almada

Ex.mo Senhor Rafael dos Santos,

Ainda não recebemos os seus pagamentos. Esta carta tem como objectivo lembrar-lhe que tanto o primeiro como o segundo pagamento de 100 euros já venceu. Além dos 200 euros, vence no dia 15 de Agosto a quantia de 119,04 euros.

No acordo de crédito que assinou, concordou em saldar a conta em três pagamentos. O primeiro pagamento de 100 euros venceu no dia 15 de Junho de 20XX, o segundo pagamento de 100 euros venceu a 15 de Julho de 20XX e o pagamento final de 119,04 euros vence a 15 de Agosto de 20XX. Por favor envie a quantia total no prazo de 10 dias.

O não pagamento dentro do prazo pode afectar a sua capacidade de adquirir mercadorias no nosso armazém. Se quiser falar acerca do pagamento, pode ligar-me para o número de tel. --- --- ---. Talvez possamos ajustar um plano de pagamento mais adequado.

Agradecemos a atenção dispensada.

Atentamente,

Assinatura

Luís Valadares
Gestor de Crédito

- RELEMBRE AO RECEPTOR A SITUAÇÃO
- SOLICITE O PAGAMENTO E INDIQUE UM PRAZO
- INDIQUE AS CONSEQUÊNCIAS, ALTERNATIVA E CONTACTO
- MOSTRE OPTIMISMO

Indagação

Esta carta indaga por que é que a factura não foi paga. Assume que o pagamento já venceu. É uma boa ideia que, a seguir ao envio da carta, se faça uma chamada telefónica pessoal a questionar sobre o atraso no pagamento. Muitas vezes pode encontrar-se um plano alternativo, que se adapta às actuais restrições orçamentais do receptor. Se chegarem a um novo acordo, envie ao receptor uma cópia do novo plano de pagamento. Continue a acompanhar as cartas com chamadas, para manter a comunicação aberta. Mantenha um registo de todas as chamadas.

Urgência

Esta carta realça a urgência da necessidade de o cliente tomar alguma medida em relação à dívida. É um relatório contínuo do progresso da conta do cliente. Se foi previamente acordado um plano alternativo de pagamento, indique os pormenores do acordo e as datas dos contactos telefónicos, para manter um registo preciso das comunicações.

CARTA 3

Confecções do Norte
Rua do Rosário, 36 • 4750-304 Barcelos

5 de Setembro de 20XX

Rafael dos Santos
Rua 7 de Abril
2810-055 Almada

Ex.mo Senhor Rafael dos Santos,

Há alguma razão para não ter pago a dívida de 319,04 euros? — • INDAGUE

No acordo de pagamento que assinou, concordou em saldar a dívida em três pagamentos. O montante total já venceu. Por favor envie 319,04 euros no prazo de 10 dias. Se tiver alguma dúvida ou questão acerca desta dívida, por favor entre em contacto comigo através do número de tel. --- --- --- até ao dia 10 de Setembro.

• REFIRA O PRAZO

• INDIQUE O CONTACTO

Se o pagamento total não for efectuado até ao dia 15 de Setembro, a sua dívida será entregue a uma agência de cobranças. É urgente que dê atenção imediata a este assunto, para proteger o seu crédito.

• EXPLIQUE AS CONSEQUÊNCIAS

Atentamente,

Assinatura

Luís Valadares
Gestor de Crédito

CARTA 4

Confecções do Norte
Rua do Rosário, 36 • 4750-304 Barcelos

5 de Novembro de 20XX

Rafael dos Santos
Rua 7 de Abril
2810-055 Almada

Ex.mo Senhor Rafael dos Santos,

A sua factura no montante de 319,04 euros venceu há 60 dias. Envie-nos os 319,04 euros no prazo de 10 dias. Se não puder enviar o total, por favor ligue-me para o número de tel. --- --- ---.

• REFIRA A SITUAÇÃO
• REFIRA A DATA DE VENCIMENTO (INDIQUE ALTERNATIVAS, SE ACORDADAS)

A ausência de resposta pode fazer com que a sua dívida seja entregue a uma empresa de cobranças. Agradecemos atenção imediata.

• INDIQUE AS PROVÁVEIS CONSEQUÊNCIAS

Atentamente,

Assinatura

Luís Valadares
Gestor de Crédito

CARTAS DE COBRANÇA 35

Aviso final/Ultimato

Esta carta é o último aviso que o cliente recebe. Faz-lhe um ultimato: se não responder, irá acontecer isto. Depois desta carta, não existem mais hipóteses.

Fundos insuficientes

Por vezes, um bom cliente envia um cheque "careca".

CARTA 5

Confecções do Norte
Rua do Rosário, 36 • 4750-304 Barcelos

5 de Dezembro de 20XX

Rafael dos Santos
Rua 7 de Abril
2810-055 Almada

Ex.mo Senhor Rafael dos Santos,

A sua factura de 319,04 euros venceu há 90 dias.

Todo o montante está vencido.

Se não recebermos o pagamento total até dia 10 de Dezembro, o seu processo será entregue a uma empresa de cobranças.

Atentamente,

Assinatura

Luís Valadares
Gestor de Crédito

- REFIRA A SITUAÇÃO
- INDIQUE O PRAZO
- APONTE AS CONSEQUÊNCIAS

CARTA 6

Materiais de Construção Margem Sul
Rua Bartolomeu Oliveira, 5
2840 – 308 Seixal

13 de Agosto de 20XX

Inácio Dias, Presidente
Construções Dias
Avenida de São Julião
3880-001 Ovar

Ex.mo Senhor Inácio Dias,

Agradecemos o pagamento efectuado dia 28 de Julho, através do cheque n.º 1429, no montante de 200 euros. Infelizmente, foi devolvido pelo banco por insuficiência de fundos.

Devolvo-lhe o cheque para sua análise. Agradecemos que nos envie o pagamento esta semana, depois de ter resolvido o assunto com o seu banco. Se recebermos o pagamento até dia 31 de Agosto, evita aumentar os juros da dívida que tem connosco.

É importante para nós continuar a fazer negócio consigo. Apreciamos o seu registo anterior de bom pagador. Sabemos que também ficará satisfeito quando esta situação estiver resolvida. Se puder ajudar, por favor ligue-me para o número de tel. --- --- ---.

Atentamente,

Assinatura

Vítor Mendes

- AGRADEÇA
- APRESENTE O PROBLEMA
- PLANO DE ACÇÃO
- OPTIMISMO

Agradecimento pelo pagamento

Uma carta de cobrança muitas vezes negligenciada é a nota de agradecimento. Pode relembrar tanto o estado do negócio como a importância do cliente.

CARTA 7

Comércio Global, Lda.
Calçada Brito Serra • 2625-607 Vialonga

19 de Abril de 20XX

José Carlos Rodrigues
Avenida Solverde
2855-119 Corroios

Ex.mo Senhor José Carlos Rodrigues,

Agradecemos o pagamento de 563,89 euros. O seu saldo actual é de 3 mil euros — o seu limite de crédito. No dia 1 de Maio vence um pagamento de 500 euros.

Agradecemos a sua atenção ao saldo da conta que mantém connosco. O seu negócio é importante para a nossa empresa.

Se pudermos ajudá-lo, por favor contacte-nos para o tel. --- --- ---.

Atentamente,

Assinatura

Marta Ribeiro
Gestora Financeira

- AGRADECIMENTO
- AVISO/LEMBRANÇA

- APREÇO

- INFORMAÇÕES PARA CONTACTO

Pagamento extraviado/Pedido de desculpas

Por vezes são necessários uma nota de crédito e um pedido de desculpas.

CARTA 8

Armazém Arco Íris
Praceta do Património
4470-632 Maia

4 de Agosto de 20XX

Ex.ma Senhora Carla Pestana
Rua da Garagem
4480-740 Vila do Conde

Ex.ma Senhora Carla Pestana,

A sua paciência tem sido enorme. Quando falámos na sexta-feira, ainda não tinha localizado o seu pagamento. Atribuí-lhe hoje um crédito de 45,89 euros.

A nossa política estabelece que são acrescidos juros de um por cento no último dia útil do mês em qualquer saldo contabilístico. Contudo, vamos eliminar esta política para si entre 1 de Agosto e 31 de Outubro, período durante o qual o seu saldo irá reflectir um crédito sem juros.

Encontrámos esta manhã o seu cheque (n.º 984, datado de 20 de Junho de 20XX) no chão da nossa sala de correio. O envelope estava aberto e o cheque amarrotado. Ainda estamos a investigar como é que desapareceu.

Para compensar qualquer inconveniente que os juros praticados neste período lhe possam ter causado, junto enviamos um cupão de 20 por cento de desconto para utilizar na próxima encomenda. Anexe o cupão à encomenda e irei pessoalmente encarregar-me do assunto.

Agradecemos a sua paciência. Por favor aceite as nossas mais sinceras desculpas.

Atenciosamente,

Assinatura

Sílvia Paredes
Gestora de Clientes

- AGRADECIMENTO
- AJUSTE

- POLÍTICA

- CRÉDITO

- MOTIVO

- BENEFÍCIO

- AGRADECIMENTO
- PEDIDO DE DESCULPAS

Checklist:

- ☐ Verificou o nome do receptor?
- ☐ O tom da carta foi seguro, mas compreensivo?
- ☐ Referiu a quantia em dívida?
- ☐ Mencionou a data em que a dívida venceu?
- ☐ Indicou as penalidades, se as houver?
- ☐ Sugeriu um plano de pagamento alternativo?
- ☐ Citou o período de graça, se o houver?
- ☐ Mencionou o novo prazo?
- ☐ Referiu os telefones de contacto?
- ☐ Indicou as consequências do não pagamento da dívida?

Capítulo 5
CARTAS DE VENDAS E PROMOÇÕES

Nos negócios todas as cartas são cartas de vendas. Além de vender um serviço ou produto, está a vender a sua imagem enquanto negócio. Estas cartas têm como objectivo iniciar ou fechar um negócio. As diferentes categorias são:

- Solicitação de reunião.
- Seguimento de uma recomendação.
- Carta de vendas para clientes.
- Carta de apresentação.
- Seguimento de carta enviada.
- Ausência de resposta.
- Ausência prolongada de resposta.
- Seguimento das vendas.
- Confirmação de encomenda.
- Relembrar que uma promoção está prestes a terminar.
- Anunciar uma campanha de vendas, promoção ou programa de incentivos.
- Anunciar uma campanha de vendas para clientes preferenciais.
- Anunciar novos produtos a um grupo seleccionado de clientes.
- Anunciar um aumento de preços.
- Cartas informativas.

Na margem da página irá encontrar uma breve explicação de cada parte da carta. A primeira carta identifica cada uma delas. As cartas seguintes identificam apenas mudanças relativamente ao formato básico.

Guia passo a passo

As cartas sobre vendas e promoções são utilizadas pelos vendedores para marcar ou confirmar reuniões, anunciar promoções de vendas, felicitar vendedores pelos seus sucessos e introduzir novos vendedores aos clientes. A carta em si é uma ferramenta de vendas. Estas cartas são muitas vezes mais criativas no conteúdo e na sua composição do que outros tipos de cartas.

Passo 1: A primeira parte da carta indica o objectivo. Dependendo da razão para escrever a carta, pode variar entre solicitar uma reunião e apresentar um novo vendedor. O objectivo é estimular o interesse do leitor. Identifique os benefícios para o receptor.

Passo 2: A segunda parte fornece pormenores ou informações de *background*. É a parte persuasiva da carta. Se estiver a fazer um pedido, então esta parte irá fornecer a razão do pedido. Por exemplo, a segunda parte irá estabelecer a data para a reunião, fornecer o número de telefone onde pode ser contactado e o local da reunião. Se estiver a apresentar um novo vendedor, esta parte fornecerá dados sobre o seu passado.

Passo 3: A última parte da carta funciona como uma declaração da acção desejada e um resumo, que relembra ao receptor a natureza geral da carta. Em muitas cartas de vendas e promoções, é um agradecimento; noutras, é um reforço do que foi dito anteriormente. Pode também ser utilizada para resumir os pormenores de uma reunião. Muitas cartas de vendas incluem um *post-scriptum* escrito à mão, para salientar a urgência ou um benefício.

Nota: Encontra-se no final deste capítulo uma *checklist* para utilizar quando escrever uma carta de vendas ou promoções.

CARTAS DE VENDAS E PROMOÇÕES   41

Solicitação de reunião

Esta carta é utilizada pelo vendedor para marcar reuniões e para anunciar a sua agenda. Inclua um serviço acrescentado ou um "esforço extra" para encorajar o receptor a recebê-lo mais tarde. É uma carta introdutória e deve ser seguida de outra carta ou telefonema.

Seguimento de uma recomendação

Esta carta surge no seguimento de uma recomendação feita a um vendedor. Apresenta o vendedor ao potencial cliente.

CARTA 9

Limpeza Geral, Lda.
Rua de São Romão • 4050-204 Porto

25 de Janeiro de 20XX

Silvina Andrade, Gerente
A-1 A Seco
Largo da Estação, 36
3850-242 Albergaria-a-Velha

Ex.ma Senhora Silvina Andrade,

Estarei em Albergaria-a-Velha no dia 3 de Fevereiro e gostaria de me encontrar consigo no seu escritório para falarmos sobre artigos de limpeza de que pode precisar na segunda metade do ano.

Envio-lhe em anexo o nosso catálogo mais recente. Repare nos artigos sublinhados a amarelo. São pacotes especiais ou novos artigos de que a A-1 A Seco irá querer dispor desde já.

Irei contactá-la ainda esta semana para marcar uma reunião. Se precisar de entrar em contacto comigo, ligue-me para o tel. --- --- ---. Aguardo com expectativa a oportunidade de falar consigo. Agradeço a oportunidade de continuarmos a fazer negócios.

Com os melhores cumprimentos,

Assinatura

Diogo Jardim
Agente de Vendas

P.S. Veja na página 68 do nosso catálogo uma excelente oportunidade para adquirir o nosso produto mais vendido!

- CABEÇALHO
- DATA
- MORADA DO RECEPTOR
- SAUDAÇÃO
- PEDIDO PARA UMA REUNIÃO
- SERVIÇO ACRESCENTADO
- BENEFÍCIO
- CONFIRMAÇÃO
- INFORMAÇÃO PARA CONTACTO
- AGRADECIMENTO
- SAUDAÇÃO FINAL
- ASSINATURA
- NOME DACTILOGRAFADO
- CARGO
- POST-SCRIPTUM

CARTA 10

Desporto e Equipamentos, Lda.
Rua do Sol, 78 • 1100-094 Lisboa

4 de Dezembro de 20XX

Paulo Santiago
Golfe Verde
Calçada de Nossa Senhora Luz, 63
8000-172 Faro

Ex.mo Senhor Paulo Santiago,

O senhor e a sua empresa foram recomendados por Cláudio Parreira da Industrial, Lda. O Cláudio informou-nos que poderiam estar interessados na nossa linha de produtos, particularmente na linha Golflite. Junto envio o nosso catálogo mais recente.

Irei à região de Faro na semana de 16 de Dezembro. Gostaria de me encontrar consigo para falarmos em como a linha Golflite pode ajudar o seu negócio. Entrarei em contacto consigo nos próximos dez dias para marcar uma reunião. Entretanto, se tiver alguma questão, poderá ligar para o número de tel. --- --- ---. Aguardo com expectativa a nossa reunião.

Com os melhores cumprimentos,

Assinatura

Catarina Almeida
Agente de Vendas

- OBJECTIVO
- REFERÊNCIA
- SERVIÇO ADICIONAL
- PEDIDO DE UMA REUNIÃO
- INFORMAÇÕES PARA CONTACTO

Carta de vendas para um potencial cliente

Uma carta de vendas para indicar o contacto e estimular interesse.

CARTA 11

HOTEL PÔR-DO-SOL
Rua Doutor Rafael Hispano • 4250-313 Porto

15 de Agosto de 20XX

Frederico Sampaio, Secretário
Instituto das Artes
Apartado 323
1350-203 Lisboa

Ex.mo Senhor Frederico Sampaio,

Apenas uma nota para me apresentar e para lhe dar a conhecer o interesse do Hotel Pôr-do-Sol em fazer parte dos planos de reuniões para 20XX do Instituto das Artes.

> • Motivo da carta

O Hotel Pôr-do-Sol tem 674 quartos recentemente remodelados, incluindo 12 *suites* duplas. O hotel está localizado no centro do Porto, a apenas 30 minutos do Aeroporto Francisco Sá Carneiro. Os nossos três restaurantes de quatro estrelas oferecem aos nossos hóspedes variedade na selecção de menus e atmosfera.

> • Pormenores

O nosso espaço de 11 metros quadrados para reuniões e banquetes inclui o maior salão da cidade e a maior sala de exposições. Junto envio um mapa completo com as dimensões e a capacidade dos nossos espaços funcionais.

> • Anexo

Teríamos muito gosto que aparecesse e nos visitasse quando estiver nesta zona – gostaria de ter a oportunidade de lhe mostrar o nosso hotel. Entretanto, contudo, irei telefonar para o seu escritório na próxima semana, para responder a qualquer questão que possa ter sobre as instalações e para falar sobre como poderemos ser úteis ao Instituto das Artes.

> • Plano para seguimento
> • Informações para contacto

Atentamente,

Assinatura

Carolina Barros
Directora, Serviços para Convenções

Carta de vendas para um cliente actual

Esta carta oferece mais negócios a um cliente actual.

CARTA 12

CONTABILIDADE EM DIA
Apartado 514 • 1800-217 Lisboa

10 de Setembro de 20XX

Dr. João Costa
Banco Comercial e Industrial
Apartado 8976
1269-140 Lisboa

Ex.mo Senhor Dr. João Costa,

Falei esta tarde com o Dr. Daniel Simões do Banco Comercial e Industrial de Algés. Durante a nossa conversa, o Dr. Daniel mencionou que o banco usa um contabilista local para manter os registos da amortização contabilística.

> • Apresentação da situação

Como nós fazemos as declarações de IRS do Banco Comercial e Industrial, faz sentido para nós mantermos os dois sistemas. Iríamos incorrer em alguns custos de implementação, mas isto seria recuperado num período relativamente curto, dado que iríamos trabalhar com os dois sistemas através de um pacote de *software*.

> • Motivo
> • Benefício

Se estiver interessado nesta ideia, irei fazer uma estimativa do custo de implementação. Como o sistema de amortização contabilística está a funcionar bem, prevejo que o tempo para a implementação seja menor do que aquele que necessitámos para outros clientes.

> • Serviço
> • Benefício

Atentamente,

Assinatura

Sérgio Barreto
Administrador

CARTAS DE VENDAS E PROMOÇÕES 43

Carta de apresentação

Esta carta é utilizada para apresentar uma pessoa a outra – como um vendedor a um cliente. No caso de se dirigir ao receptor pelo primeiro nome, pode fazer o mesmo com quem é apresentado. Se forem mais apropriados um cargo de cortesia e o apelido, seja consistente em todos os nomes que são mencionados na saudação, corpo e assinatura.

Carta de seguimento de uma carta enviada

Esta carta questiona o cliente se recebeu uma outra carta.

CARTA 13

Estrada Marítima, Lda.
Rua D. João VI • 1495-131 Algés

22 de Novembro de 20XX

Miguel Santarém
Lagostas e Armadilhas Lda.
Apartado 65
2655-238 Ericeira

Caro Miguel,

Tenho o prazer de lhe apresentar o nosso novo representante de vendas, Bruno Lopes. O Bruno ficará responsável pela sua conta.

- Introdução
- Motivo

O Bruno licenciou-se na Universidade Nova e tem um curso de Vendas e *Marketing*. Nos últimos cinco anos, trabalhou como vendedor da Pescas e Equipamentos, S.A. Orgulhamo-nos de o ter na nossa equipa e temos a certeza de que será capaz de lhe proporcionar o tipo de serviços que pode esperar da Estrada Marítima, Lda.

- Informações de *background*
- Apoio

Entre em contacto connosco se precisar de algo. O Bruno irá entrar em contacto consigo nas próximas duas semanas para se apresentar pessoalmente, falar sobre a agenda mensal e responder a perguntas que tenha. Peça-lhe a sua receita secreta de lagosta!

- Pedido
- Informação de contacto
- Nota pessoal

Com os melhores cumprimentos,

Assinatura

José Monteiro
Director de Vendas

CARTA 14

El Dorado, S.A.
Apartado 231 • 7800-051 Beja

2 de Dezembro de 20XX

Ricardo Oliveira
Praça da República, 97
6300-600 Guarda

Ex.mo Senhor Ricardo Oliveira,

No dia 10 de Novembro, enviei-lhe uma carta com a descrição do nosso novo produto. Será que me poderia dizer se recebeu essa carta?

- Referência

Estou disponível para responder a qualquer questão que possa ter e explicar as características únicas do Vu-More e os benefícios que lhe pode trazer.

- Objectivo

Agrada-nos muito tê-lo como cliente. Se puder ajudá-lo a tomar uma decisão, por favor ligue-me para o número de tel. --- --- ---.

- Elogio
- Oferta de ajuda e informações para contacto

Atentamente,

Assinatura

Teresa Rodrigues
Directora de Vendas

CORRESPONDÊNCIA COMERCIAL EFICAZ

Ausência de resposta

Esta carta utiliza-se para recordar o cliente que não respondeu a uma carta enviada.

CARTA 15

Seguros Contra Todos, S.A.
Rua dos Carmelitas, 115 • 1050-114 Lisboa

2 de Outubro de 20XX

Bernardo Calhau
Jardins do Calhau
Rua dos Malmequeres, 34
7160-233 Vila Viçosa

Ex.mo Senhor Bernardo Calhau,

Esta carta é apenas para o lembrar que lhe enviei recentemente uma cópia de uma proposta de um seguro de saúde para os seus colaboradores.

• LEMBRANÇA

Envio juntamente com esta carta outra cópia e espero que tenha disponibilidade para a analisar. Como pode ver, oferecemos um pacote competitivo. Os planos A e B são particularmente adequados às suas necessidades.

• RECAPITULAÇÃO

• ÊNFASE

Irei ligar-lhe na próxima sexta-feira, para lhe dar tempo de analisar a proposta. Aguardo com expectativa a possibilidade de fazer negócio consigo. Entretanto, se tiver alguma questão ou preocupação, posso ser contactado através do número de tel. --- --- ---.

• OFERTA DE AJUDA

• INFORMAÇÕES PARA CONTACTO

Atentamente,

Assinatura

Tiago Lima
Director de vendas

Ausência prolongada de resposta

Esta carta é utilizada quando um cliente não respondeu após um longo período de tempo.

CARTA 16

Ovinos e Caprinos, Lda.
Rua do Comércio, 56 • 5000-669 Vila Real

15 de Julho de 20XX

Jorge Campos
Rua de Santa Teresa, 90
7300-073 Portalegre

Ex.mo Senhor Jorge Campos,

Estava ontem a consultar os nossos arquivos e cheguei à conclusão que não o contactámos em relação à nossa proposta de substituir as vossas manjedouras.

• APRESENTAÇÃO DA SITUAÇÃO

Passaram quatro meses desde que lhe enviei as informações, por isso anexei à presente carta a nossa proposta original. Espero que disponha de algum tempo para a analisar. Consideramos que os nossos preços são muito competitivos e a qualidade e durabilidade das nossas manjedouras irão fazê-lo poupar dinheiro a longo prazo.

• REFERÊNCIA

• BENEFÍCIOS

Irei telefonar-lhe na próxima segunda-feira para revermos a proposta. Aguardo com expectativa a possibilidade de fazer negócio consigo. Se tiver alguma questão ou preocupação, pode contactar-me para o número de tel. --- --- ---.

• INFORMAÇÕES PARA CONTACTO

Atentamente,

Assinatura

Rogério Milheiro
Presidente

P.S. Este ano pode poupar 535 euros numa manjedoura!

• POST-SCRIPTUM

CARTAS DE VENDAS E PROMOÇÕES   **45**

Seguimento das vendas

Esta carta é utilizada para fazer o seguimento de uma venda realizada. Pode ser um agradecimento pelo negócio, uma clarificação da venda ou uma abordagem para futuras vendas.

Confirmação de uma encomenda

Esta carta confirma uma encomenda efectuada pelo telefone. Oferece uma nova oportunidade para mencionar as qualidades do produto e contactar com o cliente.

CARTA 17

Visão sem limites
Rua dos Bombeiros Voluntários, 180 • 2725-389 Mem Martins

15 de Fevereiro de 20XX

Mariana Correia
Directora de vendas
Óptica ao Luar
Rua do Calhambeque
2710-144 Sintra

Ex.ma Senhora Mariana Correia,

Parabéns pelas vendas espectaculares durante a nossa recente campanha de Inverno. A Óptica ao Luar vendeu 23 por cento do nosso volume total durante esta estação. Felicite a sua equipa de vendas pelos esforços impressionantes.

- DECLARAÇÃO DE VENDAS
- PEDIDO

Face a este sucesso, está agora qualificada para o nosso desconto de quantidade. Agradecemos novamente os vossos esforços. Aguardamos com expectativa a partilha de futuros sucessos de venda com a Óptica ao Luar.

- SERVIÇO ACRESCENTADO
- AGRADECIMENTO
- OPTIMISMO

Atentamente,

Assinatura

Rute Saraiva
Vendedora

CARTA 18

Brinquedos Mágicos
Avenida dos Combatentes, 22 • 4450-718 Matosinhos

18 de Junho de 20XX

Helena Romão
Faz de Conta
Apartado 5217
3510-036 Viseu

Ex.ma Senhora Helena Romão,

Agradecemos a vossa encomenda de 200 Baús do Tesouro da Brinquedos Mágicos. Acredito que ficará muito satisfeita com a qualidade das peças de roupa incluídas em cada um. É esta qualidade que torna os nossos brinquedos únicos.

- AGRADECIMENTO
- BENEFÍCIO

Conforme acordado, irei enviar 125 baús de fantasia e 75 baús especializados que receberão até dia 1 de Agosto. Entrarei em contacto consigo na semana de 1 de Outubro para verificar se necessita de mais baús. Se precisar de fazer uma encomenda antes dessa data, por favor queira ligar-me para o número de tel. --- --- ---.

- CONFIRMAÇÃO
- INFORMAÇÕES PARA CONTACTO

Agradeço mais uma vez.

Atentamente,

Assinatura

Margarida Custódio

46 CORRESPONDÊNCIA COMERCIAL EFICAZ

Lembrar que uma promoção está prestes a terminar

Lembrar um cliente que uma promoção ou campanha de promoções está a terminar.

Anunciar uma campanha de vendas, promoção ou programa de incentivos

Este tipo de carta informa os clientes da aproximação de promoções, programas de incentivos ou campanhas de vendas. É seguida de um telefonema pessoal do vendedor.

CARTA 19

Mobiliário da Maria
Rua Gaspar Barros, 28 • 7350-113 Elvas

24 de Abril de 20XX

Rodrigo Gomes
Habitat Natural
Praça D. Pedro V, 20
2300-429 Tomar

Ex.mo Senhor Rodrigo Gomes,

Parece impossível, mas já só falta uma semana para terminar a nossa promoção da Páscoa. A nossa carta a anunciar a promoção chegou há quatro semanas. Parece ter sido ontem.

• PRIMEIRA LEMBRANÇA

Não é demasiado tarde para aproveitar esta promoção gigantesca. Os preços nesta última semana baixaram para metade. Visite-nos e dê uma olhadela no que temos para oferecer. A nossa equipa de vendas está pronta para trabalhar consigo e com a Habitat Natural.

• RECAPITULAÇÃO

• SERVIÇO ACRESCENTADO

Envio em anexo o nosso panfleto sobre a Promoção da Páscoa. Reserve algum tempo para o ler e depois faça-nos uma visita. Não se irá arrepender.

• SEGUNDA LEMBRANÇA

Atentamente,

Assinatura

Inês Faria
Directora de vendas

P.S. Veja a oferta especial na Página 2 do folheto!

CARTA 20

Visão sem limites
Rua do Sol, 78 • 1100-094 Lisboa

15 de Setembro de 20XX

Mariana Correia
Directora de vendas
Óptica ao Luar
Rua do Calhambeque
2710-144 Sintra

Ex.ma Senhora Mariana Correia,

A Visão sem Limites vai dar início à sua campanha de vendas de Inverno no dia 1 de Novembro.

• ANÚNCIO

No passado, a campanha permitiu à Óptica ao Luar oferecer aos seus clientes uma ampla variedade de produtos a preços muito competitivos. É uma forma extraordinária de atrair novos clientes e aumentar a circulação no seu negócio. Anexei a esta carta uma folha a explicar todos os pormenores, juntamente com o nosso catálogo mais recente.

• EXPLICAÇÃO

• BENEFÍCIOS

• SERVIÇO ACRESCENTADO

Irei telefonar-lhe dentro dos próximos dez dias para responder a todas as questões que tenha sobre o programa e receber a sua encomenda. Todas as encomendas têm de ser realizadas até dia 15 de Outubro. Como sempre, é um prazer trabalhar com a Óptica ao Luar.

• PRAZO
• AGRADECIMENTO

Com os melhores cumprimentos,

Assinatura

Rute Saraiva
Vendedora

CARTAS DE VENDAS E PROMOÇÕES   47

Anunciar uma campanha de vendas para clientes preferenciais

Anuncia uma campanha de vendas a clientes preferenciais, dando--lhes uma vantagem na compra ou oferecendo-lhes preços mais reduzidos.

CARTA 21

Cubo Mágico
Estrada Nacional 110, 4490-608 • Póvoa de Varzim

19 de Janeiro de 20XX

Mário Mesquita
No Sótão
Largo Francisco Ramalde
8500-581 Portimão

Ex.mo Senhor Mário Mesquita,

A Cubo Mágico irá realizar a sua Promoção de Inverno durante a semana de 12 a 16 de Fevereiro.

• ANÚNCIO

Como cliente preferencial, está convidado para uma visita pré--vendas no dia 11 de Fevereiro, com descontos até 50 por cento nos artigos marcados. Sentimos que é uma pequena forma de o recompensarmos por todos os negócios realizados ao longo dos anos. O nosso panfleto em anexo mostra alguns dos extraordinários artigos disponíveis.

• ELABORAÇÃO
• DATA EFECTIVA

• BENEFÍCIO

Agradecemos a sua preferência. Espero vê-lo no dia 11.

• AGRADECIMENTO

Atentamente,

Assinatura

Madalena Seabra

Anunciar novos produtos a um grupo seleccionado de clientes

Anunciar novos produtos a um grupo seleccionado de clientes habituais. Pode ser encarado como uma oportunidade de vendas.

CARTA 22

Varinha Mágica, Lda.
Praceta do Império, 67 • 4795-099 Aves

30 de Outubro de 20XX

Catarina Robalo
Travessa Doutor Alexandre Leitão
5050-222 Peso da Régua

Ex.ma Senhora Catarina Robalo,

A Varinha Mágica, Lda. tem o prazer de anunciar a sua nova linha de electrodomésticos Wonder Work. Somos agora o agente autorizado da Wonder Work em Aves.

• ANÚNCIO

Os electrodomésticos Wonder Work, estabelecidos há já três décadas no Sul, estão agora a expandir-se para o Norte e congratulamo-nos por fazer parte desta rede em expansão. É especializada em pequenos electrodomésticos, que são conhecidos em toda a indústria pela sua qualidade e durabilidade. Para ter uma oportunidade de ver os electrodomésticos a funcionar, organizámos uma demonstração no sábado, dia 3 de Novembro, na nossa loja, entre as 09h00 e as 17h00. Terá acesso a descontos especiais se trouxer esta carta.

• ELABORAÇÃO

• SERVIÇO ACRESCENTADO

• BENEFÍCIOS

Agradecemos a sua preferência. Aguardamos a sua visita no sábado.

• AGRADECIMENTO

Atentamente,

Assinatura

Filipe Aguiar

Anunciar um aumento de preços

Anunciar um aumento dos preços e atenuar a insatisfação do cliente.

Carta informativa com instruções

Instruções complicadas podem ser transmitidas através de uma carta como esta. Parte de cada venda é conseguir levar o receptor/comprador a uma acção que o aproxime de uma venda ou revenda.

CARTA 23

Postais Ilustrados, Lda.
Largo da Serra, 11 • 4780-485 Santo Tirso

22 de Fevereiro de 20XX

Silvério Martinho
Distribuímos Postais, Lda.
Rua Eng. Rosa Paiva
2675-669 Odivelas

Ex.mo Senhor Silvério Martinho,

A sua satisfação é importante para nós. Para podermos continuar a produzir produtos de alta qualidade, instalámos recentemente impressoras de alta velocidade e qualidade. Isto, juntamente com o aumento do preço do papel, obrigou-nos a aumentar os nossos preços em dez por cento a partir do dia 15 de Março. Envio em anexo uma brochura com os novos preços. As encomendas recebidas antes do dia 15 de Março serão entregues aos preços actuais.

Agradecemos a sua compreensão relativamente a este assunto. Sentimos que estes aumentos irão continuar a permitir-lhe vender estes excelentes postais a preços competitivos. Esperamos que nos comunique imediatamente se existir alguma forma de o servirmos melhor.

Atentamente,

Assinatura

Nuno Rebelo
Presidente

- OBJECTIVO DA SATISFAÇÃO DO CLIENTE
- ANÚNCIO
- INCENTIVO
- AGRADECIMENTO
- OPTIMISMO

CARTA 24

Sistema de Laser Zodíaco
Rua da Escola Primária, 6 • 2700-042 Amadora

15 de Março de 20XX

António Saraiva, Agente Imobiliário
Apartado 46758
2800-672 Almada

Caro António,

Seguem em anexo duas cópias do contrato revisto de *leasing* a seis meses para a Sistema de Laser Zodíaco. Fico feliz por estar satisfeito com o desempenho.

O sublinhado a amarelo numa das cópias reflecte as alterações que falámos no dia 14 de Março. Por favor indique qualquer acrescento ou omissão nas margens e assinale o início e a data de cada correcção. Irei rever a cópia e enviá-la até dia 5 de Abril.

Se as alterações actuais tiveram a sua aprovação, por favor assine no local marcado com um "X" na página 3 da cópia que não está sublinhada e devolva-a no envelope RSF até 29 de Março.

Se o puder ajudar ou esclarecer, António, por favor ligue-me para o tel. --- --- ---.

Atentamente,

Assinatura

Acácio Costa
Gestor de Contas

- OBJECTIVO
- ANEXOS
- INSTRUÇÕES
- INSTRUÇÕES ALTERNATIVAS
- INFORMAÇÕES PARA CONTACTO

Carta informativa com pedido

Quando precisa de enviar material e fazer um pedido de outros materiais, use uma carta como esta. Cada troca de informações faz parte da estratégia de vendas. Abrevie as discussões técnicas na carta, colocando explicações mais pormenorizadas nos anexos.

CARTA 25

Laboratório de Engenharia Física e Química
Praça Prof. Manuel Arriaga • 2770-129 Paço de Arcos

16 de Fevereiro de 20XX

Eng. Bernardo Vasconcelos
Rua da Indústria, 189
2790-073 Carnaxide

Caro Eng. Bernardo Vasconcelos,

O seu questionário sobre os nossos serviços é bem-vindo. Envio em anexo uma brochura que resume o nosso programa óptico para condutores infra-vermelhos e o trabalho de laboratório que fazemos.

- RESPOSTA AO QUESTIONÁRIO

Se nos enviar informação semelhante sobre o seu departamento, posso ser específico sobre o que podemos fazer por si.

- PEDIDO
- BENEFÍCIO

Irei ligar-lhe esta semana para responder a qualquer questão. Agradecemos o seu interesse.

- INFORMAÇÃO DE CONTACTO

Atentamente,

Assinatura

Eng. Daniel Cabral

Carta informativa com sugestão

Esta carta aborda resumidamente a informação técnica e refere possibilidades adicionais de serviços. Mais uma vez, deixe que os anexos expliquem os pormenores do material técnico. Utilize a carta apenas para resumir ou salientar.

CARTA 26

Contabilidade em Dia
Rua da Memória • 2615-130 Alverca do Ribatejo

10 de Dezembro de 20XX

César Almeida
Rua Ivone Silva, 270
2785-518 São Domingos de Rana

Ex.mo Senhor César Almeida,

A sua projecção para os possíveis Fundos de Investimento Imobiliário está incluída nesta carta.

- RESPOSTA AO PEDIDO

Pode também querer investigar os Fundos de Investimento Mobiliário e os Fundos de Pensões. Tomei a liberdade de anexar um panfleto que descreve estas opções mais pormenorizadamente.

- SERVIÇO ACRESCENTADO

Agradecia que me contactasse se o pudesse ajudar a clarificar algum aspecto. Podemos encontrar-nos a qualquer hora na próxima quinta-feira para discutir que fundos melhor se adequam aos seus bens e situação familiar.

- OFERTA DE AJUDA

Atentamente,

Assinatura

Alexandre Martim

Carta com informações

Uma carta de agradecimento/vendas para um cliente que inclui informações solicitadas. Permite contacto constante com o cliente.

Carta informativa sobre vendas

Esta é uma carta sobre vendas para um cliente, que tem anexadas informações prometidas.

CARTA 27

Media Publicações
Avenida Coronel Salvador • 2855-720 Corroios

21 de Setembro de 20XX

Cristina Pinto
Publicidade de A a Z
Avenida Pascoal, 47
1250-146 Lisboa

Ex.ma Senhora Cristina Pinto,

Fez uma escolha sensata ao incluir o *Guia das Mulheres Trabalhadoras* nos seus planos de *marketing*. Queremos agradecer-lhe a sua encomenda. — • OPTIMISMO

O *Guia das Mulheres Trabalhadoras* é a maneira mais eficaz de alcançar este grande mercado. O número de leitores é incomparável, como mostra o recente estudo realizado pela MULHERES. — • BENEFÍCIO

Em relação à sua questão sobre o cartão pré-impresso: o investimento envolvido é de três mil euros. Se quiser que sejamos nós a imprimir o cartão, este teria um custo líquido de 1,575 euros. Não há uma verdadeira vantagem nos custos da utilização de um cartão anexado ao nosso cupão de serviços para o leitor. O custo do espaço no cupão é cinco mil euros e inclui a impressão. Contudo, ter a sua mensagem no cartão ao lado do cupão de serviços para o leitor poderia ser uma grande vantagem para os leitores. — • INFORMAÇÃO ... • BENEFÍCIO

Telefonarei para o seu escritório na próxima semana para responder a qualquer questão sobre o assunto – e, mais uma vez, estamos gratos pela sua preferência. — • INFORMAÇÃO DE CONTACTO

Roberta Mendes
Supervisora de Contas

CARTA 28

Publicidade na Hora
Rua dos Heróis do Ultramar, 8 • 4050-276 Porto

10 de Agosto de 20XX

Roberto Lima
Luvas ao Trabalho
Apartado 5846
2670-385 Loures

Caro Roberto,

Quantos distribuidores de luvas de trabalho existem? Os gráficos que prometi estão em anexo. — • MOTIVO

Juntamente com os gráficos, incluí informações sobre a disponibilidade dos principais distribuidores e um estudo sobre o trabalho com luvas. São recentes – de ontem – e merecem uma olhadela. — • SERVIÇO ACRESCENTADO

Seleccione a informação que deseja. Posso enviá-la ou analisá-la consigo. — • INFORMAÇÃO DE CONTACTO

Aguardo com expectativa o seu contacto.

Cumprimentos,

Assinatura

Afonso Rebelo

CARTAS DE VENDAS E PROMOÇÕES | **51**

Carta com brochuras

Esta carta de vendas também serve como carta de apresentação para brochuras anexadas.

CARTA 29

União de Bancos
Apartado 5700 • 2775-327 Parede

14 de Setembro de 20XX

Dr. Gabriel Queirós, Presidente
Consultores SRB
Apartado 135
2775-327 Parede

Ex.mo Senhor Dr. Gabriel Queirós,

Agradecemos o seu interesse pelo nosso serviço bancário para pequenas empresas. Apreciei bastante a oportunidade de o visitar na terça-feira à tarde. — • OPTIMISMO

Como mencionei, o serviço bancário para pequenas empresas é concebido para satisfazer as necessidades dos proprietários de pequenas empresas. Juntámos alguns serviços populares no pacote para pequenas empresas – incluindo gestão de conta-corrente gratuita, cheques personalizados e cofre de depósito. — • OBJECTIVO • BENEFÍCIO

Envio em anexo uma brochura que lista os serviços para pequenas empresas e sublinhei a amarelo aqueles em que mostrou interesse. E incluí também alguns outros sobre o banco e as suas ofertas. — • ANEXOS

Telefonarei para o seu escritório na próxima semana para responder a qualquer questão que possa ter e para abordar como a União de Bancos pode servi-lo melhor e à sua empresa de consultoria. — • INFORMAÇÃO DE CONTACTO

Atentamente,

Assinatura

Guilherme Martins

Carta informativa para um cliente actual

Uma carta de vendas para um cliente actual.

Esta carta incute um sentido de apoio ao cliente por parte do remetente.

CARTA 30

Media Publicações
Avenida Coronel Salvador • 2855-720 Corroios

21 de Setembro de 20XX

Daniela Carreira
Publicidade às Avessas
Apartado 27308
7600-013 Aljustrel

Cara Daniela,

Como mencionou na terça-feira, identificar o número exacto de mulheres trabalhadoras – solteiras, casadas, com filhos e sem filhos – no mercado actual não é uma tarefa fácil. É por isso que a Media Publicações está constantemente a trabalhar para a manter informada sobre as tendências previstas na indústria e as alterações quando as informações dos Censos ficam desactualizadas. — • BENEFÍCIO

Encontrar uma abordagem única que influencie os clientes-chave é também um desafio. Os números do *Guia das Mulheres Trabalhadoras* (em anexo) são concebidos para lhe transmitir conhecimentos e informações que tornem o seu trabalho mais fácil. — • OBJECTIVO • APOIO

Espero que esta informação continue a ajudá-la a tomar decisões importantes de *marketing*. — • ÊNFASE NOS BENEFÍCIOS

Com os melhores cumprimentos,

Assinatura

Roberta Mendes
Supervisora de Contas

P.S. Agradecemos o seu contínuo apoio. — • AGRADECIMENTO • OPTIMISMO

Checklist:

- ☐ Utilizou um tom positivo?
- ☐ A carta vende-se a si própria?
- ☐ Inseriu o tópico da carta na primeira parte?
- ☐ Mencionou os feitos ou benefícios para o receptor na primeira parte?
- ☐ Incluiu todos os pormenores necessários para o cliente, como data, hora e local da reunião?
- ☐ Incluiu um número de telefone para o cliente o contactar?
- ☐ Tomou a iniciativa na carta para a acção que deseja?
- ☐ Incluiu todas as informações sobre o *background*, serviço acrescentado ou pormenores necessários na segunda parte da carta, para que o cliente a perceba?
- ☐ Resumiu, agradeceu ou voltou a felicitar na última parte da carta?
- ☐ Se tivesse recebido a carta, ficaria com vontade de concordar com o que lhe é pedido?

Capítulo 6
CARTAS DE FELICITAÇÃO E AGRADECIMENTO

Este capítulo tem exemplos que o ajudam a escrever cartas de felicitação e agradecimento. As categorias mais alargadas são Reconhecimento Profissional e Posição da Empresa. Estas cartas identificam acontecimentos especiais, sucessos e resultados.

O Reconhecimento Profissional inclui:
- Reconhecer uma sugestão.
- Apreço.
- Aniversário oficial.
- Discurso.
- Convites.
- Felicitações.
- Agradecimento pelo bom trabalho: vendedor externo.
- Reconhecer um sucesso.
- Seguimento após uma venda.

A Posição da Empresa inclui:
- Explicar a política e a posição.
- Encorajamento.
- Anunciar novas regalias.
- Adaptação.

Os capítulos 7 e 8 apresentam outras cartas de felicitação e agradecimento.

Na margem de cada página, irá encontrar uma breve explicação de cada parte da carta. A primeira identifica cada uma delas. As cartas seguintes indicam apenas as alterações ao formato básico.

Guia passo a passo

Estas cartas são concebidas para promover o relacionamento entre clientes e colaboradores.

Passo 1: A primeira parte da carta indica o objectivo. Dependendo da razão para escrever a carta, pode variar entre felicitar um colaborador por um êxito e pedir desculpa por não poder comparecer a um evento social.

Passo 2: A segunda parte da carta fornece pormenores ou informação de *background* para complementar a primeira parte. Pode ser qualquer coisa, desde explicar a um cliente a acção necessária para corrigir um problema, a dar pormenores sobre um acontecimento social.

Passo 3: A última parte funciona como um resumo, lembrando ao receptor a natureza geral da carta. Pode ser um agradecimento ou pode reafirmar o que foi dito na primeira parte. Por exemplo, se a carta for de felicitação, volta a felicitar o receptor nesta última parte.

Nota: Encontra-se no final deste capítulo uma *checklist* para utilizar quando escrever uma carta de felicitação e agradecimento.

CARTAS DE FELICITAÇÃO E AGRADECIMENTO **55**

Agradecer uma sugestão

Nesta carta agradece a um colaborador ou parceiro de negócios por sugestões que este tenha feito. O agradecimento satisfaz uma das maiores necessidades pessoais dos seus colaboradores ou parceiros de negócio. Utilize estas cartas com frequência.

Apreço

Esta carta expressa apreço por algo que foi feito. Muitas vezes é dirigida a colaboradores de uma empresa. As notas de agradecimento são recompensas com significado.

CARTA 31

Estalagem da Barragem
Estrada da Ribeira, 30 • 7480-111 Avis

30 de Junho de 20XX

Manuela Ribeiro
Rua D. Manuel I, 25
7480-103 Avis

Cara Manuela,

Quero agradecer-lhe pela excelente sugestão sobre como organizar o jantar anual na Estalagem da Barragem. A implementação da sua ideia significa que podemos servir mais cem pessoas do que no ano passado. Sem dúvida, é a melhor ideia que ouvi desde há muito tempo.

Como sabe, o lema da Estalagem da Barragem é "Diversão para Todos" e, como recompensa pela sua sugestão, oferecemos-lhe um passe de um dia para o Zoo Marinho, para si e para a sua família. Esperamos que cumpram o lema da Estalagem da Barragem.

Agradeço novamente a sua excelente ideia. Com colaboradores como a Manuela, a Estalagem da Barragem só irá melhorar.

Atentamente,

Assinatura

Beatriz Santarém
Presidente

- CABEÇALHO
- DATA
- MORADA DO RECEPTOR
- SAUDAÇÃO
- PRIMEIRO AGRADECIMENTO
- DECLARAÇÃO GERAL SOBRE A EMPRESA (OPCIONAL)
- BENEFÍCIO
- SEGUNDO AGRADECIMENTO (OPCIONAL)
- SAUDAÇÃO FINAL
- ASSINATURA
- NOME DACTILOGRAFADO

CARTA 32

Fashion's
Rua da Câmara Municipal, 39 • 2714-100 Sintra

13 de Abril de 20XX

Francisco Carreira
Avenida Baltazar Mendes, 42
2610-120 Amadora

Caro Francisco,

Em nome da equipa da Fashion's, quero expressar o meu apreço pela ajuda que nos prestou na nossa última campanha publicitária. Os seus esforços incansáveis tornaram a campanha uma das mais bem sucedidas de sempre.

O sucesso da Fashion's reside em grande medida no compromisso dos seus colaboradores. Uma devoção como a sua permite-nos ser líderes no sector da moda na área de Amadora/Sintra. Os seus esforços contribuem para maiores vendas e isso, como sabe, significa maior partilha de lucros para os nossos colaboradores.

Agradecemos todo o seu empenho. A Fashion's tem sucesso por causa de colaboradores como o Francisco.

Atentamente,

Assinatura

Isabel Moreira
Presidente

- MOTIVO DO APREÇO
- DECLARAÇÃO GERAL SOBRE A EMPRESA
- RECONHECIMENTO ESPECÍFICO
- AGRADECIMENTO

Aniversário oficial

Esta carta assinala um aniversário oficial, tal como a ordenação de um padre ou bispo, um dirigente eleito que assume o cargo ou o aniversário de trabalho de um colaborador. Eleva o moral.

Discurso

Esta carta agradece um discurso que o receptor proferiu e comenta-o.

CARTA 33

Estufas Verdes
Rua do Castelo, 51 • 2250-028 Constância

8 de Abril de 20XX

Abílio Terrugem
Estrada de Cima, 46
2250-028 Constância

Caro Abílio,

Todos nós nas Estufas Verdes queremos expressar os nossos sinceros parabéns no seu 10.º aniversário nesta empresa. O seu trabalho, primeiro como Assistente do Director de Instalações e agora como Director de Instalações, tem sido exemplar. Estamos muito contentes por tê-lo na nossa equipa de gestão e aguardamos com expectativa muitos mais anos de trabalho consigo.

Saudações cordiais,

Assinatura

Adolfo Pinheiro
Presidente

- FELICITAÇÕES
- POSIÇÕES ESPECÍFICAS
- OPTIMISMO

CARTA 34

Escola Secundária do Pinhal
Rua D. João I • 2955-012 Pinhal Novo

23 de Maio de 20XX

Dra. Adelaide Castelo, Presidente do Conselho Executivo
Escola Secundária do Centro
Apartado 66
3020-886 Souselas

Ex.ma Senhora Dra. Adelaide Castelo,

Assisti recentemente à Conferência dos Presidentes de Conselhos Executivos do Centro, realizada em Viseu, e ouvi o seu discurso sobre os problemas nas escolas secundárias em zonas rurais. Fiquei impressionado e regressei com muitas ideias novas e esclarecimentos.

Fiquei particularmente interessado na sua abordagem sobre a preparação para o ensino superior em escolas inseridas num meio rural. Embora a Escola Secundária do Pinhal não se enquadre no conceito de escola rural, sofre de muitos dos mesmos problemas. Um autor que descobri que domina o assunto e que lida com escolas rurais é Álvaro Sousa. Os seus textos *Portugal rural, quem o está a educar?* e *Escolas com uma sala aumentam* são excelentes. Conhece estes artigos? Não estavam na sua bibliografia.

Aguardo com expectativa o seu discurso em Lisboa, pois vi que estava no programa.

Atentamente,

Assinatura

Bernardo Semedo
Presidente do Conselho Executivo

- RECONHECIMENTO DO DISCURSO
- COMENTÁRIOS SOBRE O DISCURSO
- SERVIÇO ADICIONAL
- EXPECTATIVA

CARTAS DE FELICITAÇÃO E AGRADECIMENTO   57

Convite — Formal

A linguagem formal desta carta reflecte a formalidade do evento. Exige uma resposta formal.

Convite — Informal

Esta carta tem um estilo mais informal. Pode exigir uma resposta, mas esta pode ser oral ou escrita de forma informal.

CARTA 35

Madeiras da Serra
Rua da Estância • 4840-030 Campo do Gerês

1 de Outubro de 20XX

Carmo e Rui Almeida
Rua da Trindade, 12
6000-235 Castelo Branco

Ex.mos Senhores Carmo e Rui Almeida,

Estão cordialmente convidados para um jantar formal em honra de Samuel Baptista, a realizar no dia 21 de Outubro de 20XX, às 20h00, no Hotel do Gerês.

Como a Dona Carmo Almeida é parceira de negócios do Sr. Baptista, gostaríamos que fizesse um pequeno discurso sobre o seu trabalho na indústria da madeira. Se for possível, por favor confirme até à próxima semana.

Chamamos a atenção para o facto de ser um jantar com traje de cerimónia obrigatório. Aguarda-se resposta com os nomes que estarão presentes até 14 de Outubro.

Saudações cordiais,

Assinatura

Maurício Abreu
Presidente, Comité Social

- HORA, DATA E LOCAL DO EVENTO

- PEDIDO

- PRAZO

- REQUISITO

CARTA 36

TeleTrabalho
Avenida Marechal Pereira Esteves • 6005-230 Lousã

13 de Junho de 20XX

Mafalda Carneiro
Rua do Alecrim, 45
6005-230 Lousã

Cara Mafalda,

O departamento de *marketing* está a organizar uma festa surpresa para a próxima quinta-feira à tarde depois do trabalho, para comemorar a reforma do Norberto Cunha.

Por favor traga um presente engraçado para oferecer ao Norberto, que se encontra a caminho de uma reforma feliz. Estamos a pedir a cada pessoa que contribua com cinco euros para uma verdadeira prenda de reforma. A Matilde Domingues está a fazer a recolha.

Diga à Vanda (ext. 233) até segunda-feira se pode ir, para ela poder encomendar bebidas suficientes.

Atentamente,

Assinatura

André Fonseca
Presidente, Comité Social

- HORA, DATA E LOCAL DO EVENTO

- PEDIDOS

- REQUISITOS
- PRAZO

Felicitações

É uma carta da empresa ou do vendedor para um cliente. Felicita um cliente interno por um êxito.

Esta carta felicita um bom colaborador e encoraja o sucesso para a próxima tarefa.

CARTA 37

Seguros Vitalícios, Lda.
Rua da Cruz, 60 • 8300-135 Silves

7 de Maio de 20XX

Silvino Assunção
Gestor Distrital
Avenida D. Sebastião
8800-306 Tavira

Ex.mo Senhor Silvino Assunção,

Parabéns por ter sido o gestor distrital de topo da Seguros Vitalícios em Março e Abril. Pode ficar orgulhoso do seu trabalho e estamos contentes por trabalhar connosco.

A Seguros Vitalícios homenageia os melhores desempenhos com o nosso Prémio de Excelência. O seu desempenho nas vendas será reconhecido no Congresso de Junho no Porto. Gostaria que o Silvino e os seus agentes estivessem presentes num banquete especial no dia 5 de Junho de 20XX, às 19h30, na Sala Prata do Hotel Internacional, durante o qual irá receber o prémio.

Parabéns mais uma vez! É por causa de gestores como o Silvino que a Seguros Vitalícios alcançou o sucesso que detém.

Atentamente,

Assinatura

André Barbosa
Administrador

- Reconhecimento do êxito
- Declaração geral sobre o êxito
- Pormenores específicos
- Nova declaração

CARTA 38

PUBLICIDADE NO AR
Av. da Estrela, 276 • 1700-116 Lisboa

11 de Outubro de 20XX

Benjamin Esteves
Rua da Charneca, 57
1700-116 Lisboa

Caro Benjamim,

Parabéns por ter ganho a conta da Colher de Pau, Lda. Fez um excelente trabalho a convencer a direcção de que a Publicidade No Ar deveria ser a agência para representar a nova linha de comida congelada.

A criatividade e determinação que demonstrou ao apresentar a nossa empresa à Colher de Pau, Lda. serão igualmente preciosas para elaborar uma campanha publicitária adequada às necessidades deles. O objectivo de se tornarem líderes no sector das sobremesas congeladas para os refeitórios das escolas irá exigir uma abordagem de vendas imaginativa.

Aguardo com expectativa a continuação do seu sucesso na gestão desta importante nova conta.

Atentamente,

Assinatura

Eduardo Ferreira
Presidente

- Circunstâncias
- Benefícios futuros
- Encorajamento

CARTAS DE FELICITAÇÃO E AGRADECIMENTO **59**

Esta carta felicita um amigo ou parceiro de negócios por uma promoção recente.

Agradecimento pelo bom trabalho: vendedor externo

Esta carta expressa apreço pelo bom trabalho. Serve como carta de acompanhamento a material de trabalho.

CARTA 39

Barroso Associados
Rua Direita, 42 • 4980-626 Ponte da Barca

13 de Março de 20XX

Lucas Gaspar
Avenida D. Manuel, 73
4980-614 Ponte da Barca

Caro Lucas,

Parabéns pela sua promoção para director-geral da Construções Civis, S.A. Tem excelentes capacidades de negócio e aptidão para chegar longe – continue o bom trabalho!

• OBJECTIVO

Fico contente por a direcção da Construções Civis, S.A. reconhecer as suas capacidades.

• COMENTÁRIO PESSOAL

As maiores felicidades e votos de muitos sucessos futuros.

• OPTIMISMO

Atentamente,

Assinatura

Amílcar Fernandes

CARTA 40

Indústria da Muralha
Apartado 611 • 2510-018 Óbidos

1 de Junho de 20XX

Joana Machado
Escrita Criativa
Apartado 537
2510-018 Óbidos

Cara Joana,

Em anexo segue um resumo das avaliações do curso de leitura rápida. Estamos muito satisfeitos com os resultados e sentimos que atingiu as nossas expectativas para um tópico difícil de uma forma bastante positiva.

• MOTIVO
• APREÇO

Foi um prazer trabalhar consigo. Lamento ter faltado à última reunião do grupo.

• OPTIMISMO

Agradecemos mais uma vez por ter adaptado o curso e utilizado os nossos materiais, de forma a cumprir os objectivos da empresa.

• AGRADECIMENTO
• PORMENORES ESPECÍFICOS

Atentamente,

Assinatura

Patrícia Maia
Supervisora, Serviços de Compra

CORRESPONDÊNCIA COMERCIAL EFICAZ

Reconhecer sucessos

Nesta carta, um empregador reconhece uma boa ideia de um colaborador e menciona também os comentários positivos de outros.

Uma carta para agradecer a um elemento da equipa por um trabalho bem feito.

CARTA 41

Armazéns de Nova Iorque
Rua de São Pedro, 21 • 4810-550 Guimarães

12 de Dezembro de 20XX

Sara Morais
Rua do Conquistador, 94
4810-225 Guimarães

Cara Sara,

Está a fazer um excelente trabalho e isso vê-se! Devido aos seus esforços na coordenação das decorações sazonais em torno de um tema, cada departamento está melhor – o que melhora todo o armazém. E, claro, isso torna-o um melhor local de trabalho para todos nós.

• Apreço

Os seus esforços foram notados, não apenas pelos colaboradores, mas também pelos nossos clientes. Vários mencionaram o novo "aspecto". O tempo extra que gastou neste projeto é muito apreciado; em anexo está o nosso "Obrigado por uma boa ideia e por um trabalho bem feito".

• Circunstâncias

• Anexo

Atentamente,

Assinatura

Renato Nascimento
Presidente

CARTA 42

Tipografia Colorida
Apartado 3732 • 4990-280 Ponte de Lima

7 de Abril de 20XX

Armindo Moura
Rua Prof. Fernando Noronha, 14
4990-280 Ponte de Lima

Caro Armindo,

Agradecemos o excelente trabalho que fez na preparação e apresentação do relatório trimestral! Ficou evidente para mim e para o grupo que despendeu muito tempo e esforço na sua preparação. Os documentos entregues continham informações muito úteis e cobriu na sua apresentação todos os pontos que tínhamos discutido previamente.

• Agradecimento

• Pormenores específicos

O seu contributo para o sucesso da Tipografia Colorida é muito apreciado!

• Optimismo

Atentamente,

Assinatura

Roberto Oliveira
Presidente

CARTAS DE FELICITAÇÃO E AGRADECIMENTO   61

Esta carta de agradecimento a um colaborador é específica. Fornece pormenores que explicam a razão do bónus e do reconhecimento.

Esta carta reconhece o sucesso de um cliente, colaborador, parente de um cliente ou colaborador, ou amigo da empresa.

CARTA 43

Livraria do Mocho
Rua Coronel Garcia Nunes, 41 • 3750-167 Águeda

12 de Novembro de 20XX

Fátima Morais
Rua do Emigrante, 75
4760-111 Vila Nova de Famalicão

Cara Fátima,

Agradecemos o tempo e esforço extra que gastou para assegurar que a Livraria do Mocho estivesse este ano representada com sucesso na Conferência para Professores de Português do Norte. Em anexo enviamos um cheque como reconhecimento pelo seu óptimo trabalho.

As vendas de materiais de leitura para alunos do 1º ciclo foram 20 por cento superiores ao que tínhamos previsto. Mais importante, estou convencido de que a Livraria do Mocho ganhou novos clientes devido ao seu conhecimento dos materiais para venda e à ênfase na atenção individualizada que deu a cada participante que atendeu.

Parabéns pelo trabalho bem feito.

Atentamente,

Assinatura

Duarte Miranda
Gerente

- SITUAÇÃO ESPECÍFICA
- RECOMPENSA
- PORMENORES ESPECÍFICOS
- OPTIMISMO

CARTA 44

Roupa de Serpentina
Estrada da Guia, 174 • 4405-931 Vila Nova de Gaia

30 de Março de 20XX

Maria Fernanda Marques
Rua do Monte, 262
4405-931 Vila Nova de Gaia

Cara Fernanda,

O seu *design* para a Linha Miúdos Giros é fabuloso! A Roupa de Serpentina está orgulhosa por a Fernanda ser um dos nossos colaboradores.

Devido ao seu *design*, a Miúdos Giros está a bater todos os recordes de vendas. Durante o primeiro trimestre, ultrapassou todas as outras linhas nos tamanhos 6-12.

Continue o bom trabalho. Precisamos de pessoas como a Fernanda na Roupa de Serpentina.

Saudações cordiais,

Assinatura

Luísa Mata
Directora de vendas

- RECONHECIMENTO DO SUCESSO
- DECLARAÇÃO GERAL SOBRE O SUCESSO
- ENCORAJAMENTO

Seguimento de uma venda

Esta carta é o seguimento de uma venda. Mantém um contacto positivo e encoraja a continuação do negócio por parte do cliente.

Explicar a política e a posição

Este memorando clarifica a política e a posição da empresa aos seus colaboradores. Normalmente um memorando é suficiente, mas em certas circunstâncias pode também ser apropriada uma carta formal.

CARTA 45

HOTEL ESPLENDOR
Rua de Cima, 31 • 7200-173 Monsaraz

31 de Outubro de 20XX

Catarina Macedo
Grupo Empresarial do Aço
Avenida da I Grande Guerra, 39
1600-019 Lisboa

Cara Catarina,

Foi um prazer ter um grupo como o vosso como nosso hóspede! Apreciámos ter o Grupo Empresarial do Aço no nosso hotel, mas trabalhar consigo foi uma satisfação acrescida! É tão profissional e organizada que nos dá uma boa imagem.

Catarina, se houver algo em que eu possa ajudá-la, telefone-me. Por favor, mantenha o contacto. Da próxima vez que estiver em Monsaraz, iremos aproveitar para visitar a vila!

Atentamente,

Assinatura

Raquel Loureiro
Directora, Serviços de Conferências

- **Elogio**

- **Optimismo**

- **Nota pessoal**

CARTA 46

MEMORANDO

Data: 23 de Dezembro de 20XX
Para: Todos os colaboradores
De: Tomás Lopes
Re: Política em relação às faltas por doença

Parece haver alguns mal-entendidos em relação à política da Status Social no que diz respeito às faltas por doença.

Cada colaborador tem direito a dez dias anuais por motivos de doença durante os primeiros cinco anos na empresa. De cinco a dez anos na empresa, cada colaborador tem direito a 15 dias de ausência por doença. Qualquer colaborador com dez ou mais anos de casa tem direito a 20 dias. A ausência por doença pode ser acumulada até um ano completo (365 dias). Após uma ausência de dois dias, o colaborador tem de consultar um médico e apresentar um atestado quando regressar ao trabalho. Não o fazer poderá resultar num desconto no salário devido a uma falta por doença após dois dias consecutivos. Para mais informações, consultar o Manual do Colaborador, página 23, ou contactar a nossa Responsável de Recursos Humanos, Bárbara Jesus.

Espero que esclareça os mal-entendidos, em particular no que diz respeito ao atestado médico.

- **Declaração sobre a situação**

- **Esclarecimento**

- **Consequências**

- **Questão específica**
- **Optimismo**

CARTAS DE FELICITAÇÃO E AGRADECIMENTO 63

Encorajamento

Esta carta dá encorajamento aos colaboradores de uma empresa.

Anunciar novas regalias

Esta carta anuncia novas regalias para os colaboradores de uma empresa.

CARTA 47

Transportes RM
Rua Almirante Lobo Vaz • 1200-410 Lisboa

12 de Dezembro de 20XX

Augusto Guerreiro
Largo Machado Pereira, 96
1200-410 Lisboa

Caro Augusto,

Todos os anos procuro observar o que o ano seguinte reserva aos nossos colaboradores. As expectativas para o próximo ano são entusiasmantes.

• Objectivo

No ano passado, a Transportes RM registou um crescimento fenomenal, passando de décima maior empresa de transportes de Lisboa para a segunda maior. Projectamos que no próximo ano nos iremos tornar número um em Lisboa e número dois no Porto e Coimbra. Foi devido à nossa equipa perspicaz que fomos capazes de atingir este sucesso. Naturalmente, este êxito afecta todos os que trabalham para a Transportes RM. Devido ao nosso plano de partilha de lucros, todos os colaboradores beneficiam.

• Explicação do objectivo

• Benefícios

O próximo ano será estimulante na RM, para todos nós que estamos envolvidos. Espero que aproveitemos ao máximo estas oportunidades.

• Nova declaração
• Encorajamento

Atentamente,

Assinatura

Rui Manteigas
Presidente

CARTA 48

Fábrica Metalux
Rua do Pinhal, 72 • 2430-091 Marinha Grande

24 de Agosto de 20XX

Alfredo Cruz
Calçada da Luz, 61
2430-191 Marinha Grande

Ex.mo Senhor Alfredo Cruz,

É com prazer que anuncio que a Fábrica Metalux está a oferecer um novo plano de seguros pessoais com início a 1 de Janeiro.

• Anúncio

Depois de muitas conversações entre a administração e os trabalhadores, acordámos um plano que lhe permite escolher os seguros que quer e de que precisa. A brochura em anexo mostra o plano completo. Estamos entusiasmados, pois terá o controlo total sobre os seus seguros.

• Explicação

• Anexo

Por favor ligue para a Dra. Joana Coelho do Departamento de Recursos Humanos se tiver alguma questão ou preocupação.

• Informação para contacto

Esperamos que fique satisfeito com este novo pacote de seguros pessoais.

• Declaração final

Atentamente,

Assinatura

Susana Branco
Presidente

Adaptação

Esta carta solicita uma adaptação, negocial ou social, e pede a compreensão da pessoa a quem a adaptação está a ser solicitada.

CARTA 49

Artesanato da Austrália, Lda.
Apartado 212 • 7520-171 Sines

3 de Outubro de 20XX

Agostinho Azevedo
Rua do Marquês, 36
7520-089 Sines

Ex.mo Senhor Agostinho Azevedo,

Lamento informá-lo de que a sua encomenda de bumerangues está atrasada quatro semanas devido a um incêndio recente na Outback Boomerangs em Sidney, Austrália.

Espero que este atraso seja aceitável. Assim que soubemos do incêndio, contactámos a Woolabang Boomerangs em Alice Springs e conseguimos satisfazer a sua encomenda. Infelizmente, os seus bumerangues demoram mais tempo porque são feitos à mão. Mas há uma vantagem para si: apesar de serem mais caros, assumimos a diferença no custo.

Obrigada pela sua compreensão e cooperação nesta questão desagradável. Se tiver alguma pergunta, por favor ligue-me para o tel. --- --- ---.

Saudações cordiais,

Assinatura

Anabela Assunção

- PEDIDO DE DESCULPAS
- MOTIVO
- EXPLICAÇÃO
- BENEFÍCIO
- AGRADECIMENTO

Checklist:

- ☐ Utilizou um tom agradável na carta?
- ☐ Anunciou o objectivo da carta na primeira parte?
- ☐ Forneceu informações sobre o *background* e pormenores na segunda parte para explicar melhor a primeira?
- ☐ Fez um resumo da carta na última parte?
- ☐ A carta é sincera?
- ☐ Personalizou a carta de forma a não parecer institucional?
- ☐ A carta expressa optimismo?
- ☐ Se recebesse a carta, sentir-se-ia bem em relação a ela?

Capítulo 7
CARTAS SOBRE ACTIVIDADES DA COMUNIDADE

Este capítulo tem exemplos de cartas que abordam actividades da comunidade. As categorias mais alargadas são as seguintes:

- Solicitação de fundos.
- Agradecimento e pedido de fundos.
- Reconhecimento e evento para angariação de fundos.
- Agradecimento por contributo.
- Agradecimento por um sucesso.
- Gratidão.
- Pedido de subsídio.
- Convite para adesão.
- Recusa de um pedido.
- Manifestação de apreço.
- Nomeação para cargo.
- Elogio.
- Convite para discursar.
- Elogio a um orador.

Na margem de cada página, irá encontrar uma breve explicação de cada parte da carta. A primeira identifica cada uma delas. As cartas seguintes indicam apenas as alterações ao formato básico.

Guia passo a passo

Estas cartas abordam actividades da comunidade que envolvem tanto indivíduos como instituições.

Passo 1: A primeira parte da carta indica o objectivo. Pode variar entre pedir a uma empresa para participar numa angariação de fundos para solidariedade e expressar apreço pelo envolvimento de um colaborador na comunidade.

Passo 2: A segunda parte da carta fornece os pormenores ou informação de *background* para complementar a primeira. Pode incluir a apresentação de um motivo para declinar um cargo público e indicar a política da empresa em relação ao sucesso de um colaborador.

Passo 3: A última parte da carta funciona como um resumo, lembrando ao receptor a natureza geral da carta. Pode incluir prazos, um agradecimento ou um novo pedido.

Nota: Encontra-se no final deste capítulo uma *checklist* para utilizar quando escrever uma carta sobre actividades comunitárias.

Solicitação de fundos

Esta carta pede que uma empresa contribua para uma acção de solidariedade.

CARTA 50

JJT: Equipamento Pesado
Apartado 1288 • 7320-113 Castelo de Vide

9 de Abril de 20XX

Bernardo Freitas
Presidente
Freitas & Tavares
Rua dos Clérigos, 41
7320-113 Castelo de Vide

Ex.mo Senhor Bernardo Freitas,

A Associação Unidos para a Melhoria da Comunidade (AUMC) vai iniciar esta segunda-feira a sua campanha anual. Esperamos que contribua para esta causa meritória.

No passado, a Freitas & Tavares foi uma das líderes na campanha da AUMC, com os seus colaboradores a entregarem uma média de 2,5 por cento dos seus rendimentos ao fundo. Naturalmente, reconhecem que o fundo melhora a sua vida, bem como a vida de outros na área. Podemos contar novamente com o apoio da sua empresa? Este ano estamos a pedir a todas que igualem as contribuições dos seus colaboradores.

Os seus contributos possibilitam bolsas para actividades no Verão e programas pós-escolares para os jovens, assistência ao domicílio para os idosos, educação sobre a SIDA, uma despensa e cozinha comunitária e outros programas para a melhoria da comunidade.

Por favor continue a liderar o desenvolvimento da comunidade através do seu apoio à AUMC. Pedimos que todas as contribuições, dos colaboradores e das empresas, sejam entregues no escritório da AUMC, Rua da Sinagoga, 91, Castelo de Vide, até 15 de Maio. Obrigado pela continuação do seu apoio.

Saudações cordiais,

Assinatura

Adelino Amorim
Presidente da Campanha

- CABEÇALHO
- DATA
- MORADA DO RECEPTOR
- SAUDAÇÃO
- PEDIDO
- APOIO OU INFORMAÇÃO DE *BACKGROUND*
- RECONHECIMENTO
- BENEFÍCIO
- NOVO PEDIDO
- PRAZO E AGRADECIMENTO
- SAUDAÇÃO FINAL
- ASSINATURA
- NOME DACTILOGRAFADO

Agradecimento e pedido de fundos

As cartas de seguimento dão a uma organização sem fins lucrativos a oportunidade de agradecer ao doador e sugerir futuras contribuições.

CARTA 51

Abrigo Comunitário
Apartado 1124 • 1250-200 Lisboa

25 de Março de 20XX

Dora Alves
Rua do Jardim, 38
1600-017 Lisboa

Cara Dora,

Muito obrigada pelo seu generoso contributo. O seu donativo de 50 euros irá permitir-nos continuar a ajudar a nossa comunidade a lutar contra a violência doméstica.

Seria possível considerar o donativo de 50 euros mensais ao Abrigo Comunitário? As nossas necessidades estendem-se por todo o ano e contamos com a generosidade de pessoas como a Dora. Outras formas que poderá considerar para nos ajudar a garantir os nossos programas para o futuro incluem fundos, bolsas e legados. Com o seu apoio financeiro e os nossos voluntários dedicados, o Abrigo Comunitário pode continuar a servir as vítimas de violência doméstica com programas de intervenção de elevada qualidade.

Mais uma vez, muito obrigada pelo seu apoio.

Atentamente,

Assinatura

Ana Bandeira
Directora Executiva

- AGRADECIMENTO
- RECONHECIMENTO
- NECESSIDADE CONTÍNUA E APELO
- SEGUNDO AGRADECIMENTO

Reconhecimento e evento para angariação de fundos

Os doadores gostam de saber como é que o seu dinheiro é utilizado. Actualizar uma história anterior é uma forma de mostrar apreço. Outra forma é através de um evento de reconhecimento, que pode ou não estar ligado a uma angariação de fundos adicional.

Agradecimento por uma contribuição

Esta carta agradece a contribuição de uma empresa para uma acção de solidariedade.

CARTA 52

Abrigo Comunitário
Apartado 1124 • 1250-200 Lisboa

5 de Maio de 20XX

Dora Alves
Rua do Jardim, 38
1600-017 Lisboa

Cara Dora,

Muito obrigada! O seu donativo de 25 euros mensais durante um ano é muito apreciado.

Pediu uma actualização em relação à Ana Luísa: ela e a mãe estão agora a viver com a avó materna e a investigação relativamente à explosão continua. Obrigada pela sua preocupação.

Muitos manifestaram preocupação e compromisso em deter a violência doméstica, através de donativos e ofertas. Alguns tornaram-se voluntários. A administração, colaboradores, voluntários e residentes no Abrigo Comunitário querem agradecer a cada um pessoalmente. Junte-se a nós para um jantar de reconhecimento apoiado por:

Restaurante La Trattoria na Rua Conde de Monte Cristo, 43
Na quinta-feira, 23 de Maio de 20XX, às 19h30

Após o jantar haverá um leilão fechado. As lojas do Centro Comercial Galáctico estão a doar artigos para o nosso evento. Ficaríamos encantados com a sua presença.

Como sempre, obrigada pela sua ajuda.

Atentamente,

Assinatura

Ana Bandeira
Directora Executiva
Resposta até 20 de Maio pelo tel. --- --- ---.
Encontramo-nos lá!

- AGRADECIMENTO
- APREÇO
- RESPOSTA ESPECÍFICA
- SUGESTÕES
- APREÇO
- PORMENORES DO EVENTO
- EVENTO PARA ANGARIAÇÃO DE FUNDOS
- AGRADECIMENTO
- RESPOSTA

CARTA 53

JJT: Equipamento Pesado
Apartado 1288 • 7320-113 Castelo de Vide

26 de Abril de 20XX

Bernardo Freitas
Presidente
Freitas & Tavares
Rua dos Clérigos, 41
7320-113 Castelo de Vide

Ex.mo Senhor Bernardo Freitas,

A Associação Unidos para a Melhoria Comunitária (AUMC) gostaria de lhe agradecer e aos seus colaboradores pela sua generosa contribuição para a campanha deste ano. O seu contributo de 99 711 euros é até agora a maior contribuição de empresa/colaboradores.

Bárbara Abrantes, a sua directora de campanha na AUMC, quer que os colaboradores da Freitas & Tavares tenham conhecimento do feito. Este ano deram uma média de 2,75 por cento dos rendimentos para o fundo. O seu contributo e o deles irá definitivamente ajudar-nos a alcançar o objectivo de dois milhões de euros.

Todos os que trabalham na Freitas & Tavares devem ser louvados pela sua generosidade. Mais uma vez, muito obrigado pelo contributo.

Saudações cordiais,

Assinatura

Adelino Amorim
Presidente da Campanha

- PRIMEIRO AGRADECIMENTO PELA CONTRIBUIÇÃO
- DECLARAÇÃO GERAL SOBRE A CONTRIBUIÇÃO
- PORMENORES ESPECÍFICOS
- SEGUNDO AGRADECIMENTO

CARTAS SOBRE ACTIVIDADES DA COMUNIDADE 71

Agradecimento por um sucesso

Esta carta expressa optimismo e agradece um sucesso de alguém que tem uma relação com a empresa (colaborador, amigo da empresa).

Gratidão

Semelhante à carta de agradecimento, esta carta expressa gratidão a um colaborador ou parceiro de negócios por algo que fez.

CARTA 54

HJZ, Lda.
Av. da Ribeira, 81 • 4100-079 Porto

28 de Julho de 20XX

Jaime Albuquerque
Estrada Nacional, 11
4000-410 Porto

Ex.mo Senhor Jaime Albuquerque,

A HJZ está orgulhosa por ter na sua equipa o novo vencedor da corrida de 10 Km das Cidades Gémeas para empresas. O seu desempenho no sábado foi impressionante.

• Sucesso

• Primeiro reconhecimento

Foi emocionante vê-lo a cortar a meta vestido com a *t-shirt* da HJZ e depois observar o seu desempenho no noticiário da noite. O seu esforço e treino foram recompensados. O troféu para a empresa foi o resultado do seu sucesso.

• Declaração geral sobre o sucesso

O troféu será colocado em lugar de destaque na entrada da HJZ. Obrigado por nos representar de uma forma tão brilhante.

• Segundo reconhecimento

Atentamente,

Assinatura

• Agradecimento

Hugo J. Zarco
Presidente

CARTA 55

Auto Real
Rua da Sé Velha, 151 • 3030-193 Coimbra

17 de Novembro de 20XX

Gonçalo Vilela
Rua Dr. Amadeu Vasques
3000-268 Coimbra

Ex.mo Senhor Gonçalo Vilela,

Em nome da administração da Auto Real, gostaria de lhe agradecer pela sua recente participação como líder da região na Campanha da Liga Unida.

• Primeiro agradecimento

A sua liderança na Liga Unida não só ajuda a comunidade, como também tem um reflexo positivo na Auto Real. A participação cívica é importante e temos orgulho nos nossos colaboradores quando cooperam com a comunidade.

• Comentários gerais
• Encorajamento

Obrigado mais uma vez por todo o seu esforço. É digno de respeito!

• Segundo agradecimento

Saudações cordiais,

Assinatura

Cristiano Alcântara
Presidente da Direcção

Pedido de subsídio

Embora a maior parte dos subsídios exija um formulário próprio, precisa de enviar com este uma carta de apresentação. Este é um exemplo da carta de apresentação.

CARTA 56

Escola Comunitária do Viriato
Rua Dr. Amílcar Santos, 54 • 3500-895 Viseu

14 de Outubro de 20XX

Clara Assis
Directora de Subsídios
Departamento de Subsídios para a área de Viseu
Av. dos Plátanos, 14
3500-895 Viseu

Ex.ma Senhora Clara Assis,

Gostaríamos de solicitar um subsídio de 15 mil euros para a Escola Comunitária do Viriato melhorar o acesso aos deficientes motores. Anexei o nosso formulário a requerer o subsídio.

A maioria dos edifícios da Escola Comunitária do Viriato foi construída antes de 1953. Os que foram construídos depois de 1945 são acessíveis aos deficientes motores. Infelizmente, o Auditório Portucalense, onde realizamos as cerimónias de curso, assembleias mensais e outros eventos, foi construído em 1932 e não é acessível a deficientes motores. O subsídio de 15 mil euros iria permitir-nos instalar rampas em todas as entradas e remover uma fila de lugares que ficaria disponível para cadeiras de rodas, tornando todo o recinto acessível a deficientes motores.

Agradecemos a atenção prontamente dispensada a este assunto. Ficamos a aguardar o seu contacto.

Saudações cordiais,

Assinatura

Maria José Cotrim
Directora de Instalações

- **Primeiro Pedido de subsídio**
- **Necessidades**
- **Informação de *background* e resumo da necessidade**
- **Agradecimento**

Convite para adesão

As campanhas para angariação de membros são comuns nas organizações que funcionam com voluntários. Aqui está como pode "agarrar" o seu leitor e conseguir um membro.

CARTA 57

Em nome da Comunidade
Rua 1 de Dezembro, 63 • 8700-145 Olhão

14 de Setembro de 20XX

Carlota Delgado
Travessa da Queimada, 18
8700-304 Olhão

Ex.ma Senhora Carlota Delgado,

Sendo nova residente em Olhão, gostaria de ficar a conhecer melhor a cidade e o seu povo? Então considere as oportunidades de serviços e de aumento dos seus conhecimentos que a Em nome da Comunidade lhe pode dar.

Reunimos mensalmente para planear projectos de serviços que melhoram a vida em Olhão. Já teve a oportunidade de observar a nossa imagem de marca, o vestuário vermelho, a trabalhar no banco de sangue onde tão generosamente fez uma doação na última sexta-feira. Estamos sempre à procura de pessoas entusiastas e solidárias para participar na nossa organização. Pensamos que reúne as condições!

Alguns dos nossos projectos neste último ano incluíram criar uma despensa para comida e utensílios de higiene para pessoas com SIDA, ensinar aqueles cuja segunda ou terceira língua é o português e providenciar ajuda médica para quem sofre acidentes, de doenças ou de problemas psíquicos. Cada projecto é financiado por quotas de membros no valor de 90 euros anuais e contribuições especiais de empresas da zona.

A nossa campanha anual para angariação de membros começou esta semana e prolonga-se até ao final de Setembro. Convidamo-la a fazer parte da maior organização de serviço voluntário da cidade. Podemos visitá-la para responder a qualquer questão que tenha sobre a Em nome da Comunidade e para a encorajar a juntar-se aos nossos esforços? Por favor devolva-nos agora o postal em anexo. Prometemos servir os seus interesses e encontrar uma actividade para os seus talentos na Em nome da Comunidade.

Atentamente,

Assinatura

Marco Damásio e Elizabete Falcão
Administradores de Campanha

- **Benefício**
- ***Background***
- **Projectos**
- **Doações**
- **Convite**
- **Pedir autorização para estabelecer contacto**

CARTAS SOBRE ACTIVIDADES DA COMUNIDADE   **73**

Recusa de um pedido

Esta carta recusa um pedido feito por outra empresa ou indivíduo.

Manifestação de apreço

Esta carta expressa apreço por um acto realizado por um colaborador ou parceiro de negócios.

CARTA 58

Medicina Intrafronteiras
Rua do Estuário, 24 • 2900-562 Setúbal

16 de Novembro de 20XX

Dr. Rúben Gusmão
Presidente da Distrital do Partido Democrata
Rua dos Paços do Concelho, 17
2900-162 Setúbal

Ex.mo Senhor Dr. Rúben Gusmão,

Lamento não poder candidatar-me a Comissário Distrital como falámos na última sexta-feira. É lisonjeiro ter sido convidado, mas as circunstâncias não me permitem concorrer ao cargo nesta altura.

• RECUSA

Estou a declinar o convite devido a compromissos anteriores com a minha família e o meu negócio. Não teria tempo para fazer campanha ou para me dedicar ao cargo devido à doença prolongada da minha mãe e à quantidade de viagens exigida pelo meu negócio. Vou continuar a apoiar activamente o Partido Democrata, através de esforços de voluntariado e apoio monetário.

• MOTIVO

Muito obrigado por ter pensado em mim. Agradeço a sua compreensão.

• AGRADECIMENTO PELA COMPREENSÃO

Saudações cordiais,

Assinatura

Adalberto Infante

CARTA 59

Comité Democrata
Rua dos Paços do Concelho, 17 • 2900-162 Setúbal

30 de Outubro de 20XX

Adalberto Infante
Medicina Intrafronteiras
Rua do Estuário, 24
2900-562 Setúbal

Ex.mo Senhor Adalberto Infante,

Obrigado pelo seu apoio na nossa recente campanha. O seu esforço é muito apreciado, assim como as suas contribuições monetárias.

• EXPRESSAR APREÇO

Quando declarou em Novembro passado que não poderia candidatar-se a Comissário, fiquei desapontado. Mas sabia que nos iria apoiar de alguma forma. Mais uma vez, isso aconteceu. Foi devido ao seu incansável trabalho nos bastidores que vencemos a eleição. É essencial para o Partido Democrata.

• DECLARAÇÃO GERAL SOBRE A SITUAÇÃO

Obrigado mais uma vez por todo o seu trabalho. Sem si, não o teríamos conseguido.

• REITERAR APREÇO

Saudações cordiais,

Assinatura

Rúben Gusmão
Presidente da Distrital do Partido Democrata

Nomeação para cargo

Esta carta congratula o receptor pela sua nomeação para um cargo no governo ou numa organização sem fins lucrativos.

Elogio

Semelhante às cartas que felicitam e reconhecem sucessos, esta carta elogia alguém (colaborador, familiar de um colaborador, amigo da empresa) por algo que fez.

CARTA 60

Moda Internacional
Rua da Igreja, 47 • 7520-437 Porto Covo

30 de Setembro de 20XX

Samuel Lencastre
Rua Vasco da Gama, 31
7520-421 Porto Covo

Caro Samuel,

Parabéns pela recente eleição para a Câmara Municipal de Sines. Deve estar orgulhoso do seu sucesso. — • Felicitação

A nossa política de licença cívica encoraja os nossos colaboradores a participarem na política. O seu prolongado compromisso com a comunidade e esta recente eleição deixam-nos orgulhosos de o ter na nossa equipa. — • Declaração geral sobre a empresa • Reconhecimento específico

Continue o bom trabalho. Precisamos de mais pessoas como você para cuidar dos interesses de Porto Covo. — • Encorajamento (opcional)

Atentamente,

Assinatura

Laura Madeira
Assistente de Administração

CARTA 61

Mundo da Infância
Av. D. Inês de Castro, 11 • 2670-422 Loures

20 de Janeiro de 20XX

Reinaldo Osório
Quinta do Bom Sucesso
2670-345 Loures

Caro Reinaldo,

O seu excelente desempenho no Teatro Comunitário Saloio na última sexta-feira foi notável. Deu vida a Stanley em *Um Eléctrico Chamado Desejo*. — • Primeiro elogio

É entusiasmante para mim ver colaboradores envolvidos com a arte. Estou seguro de que sabe que a Mundo da Infância tem sido um apoiante empresarial do Teatro Comunitário Saloio desde a sua fundação. — • Relacionar com a empresa (opcional)

A sua interpretação é digna de elogio. Continue o bom trabalho. — • Segundo elogio (opcional)

Atentamente,

Assinatura

Olívia Palma
Presidente

CARTAS SOBRE ACTIVIDADES DA COMUNIDADE

Convite para discursar

Esta carta convida alguém da comunidade para discursar num evento relacionado com a empresa.

CARTA 62

Empresas, Lda.
Estrada da Lota, 19 • 4450-158 Matosinhos

5 de Junho de 20XX

Adriano Lousada
Rua D. João IV
7830-389 Serpa

Ex.mo Senhor Adriano Lousada,

A Empresas, Lda. gostaria de o convidar a discursar na sua Reunião Anual de Accionistas a 10 de Agosto, em Matosinhos.

A sua reputação como empresário na área dos pequenos negócios interessa-nos. Como deve saber, a Empresas, Lda. funciona como casa de transacções para pequenos negócios e fornece ideias e capital para o início de novos pequenos negócios. O seu recente artigo na revista *Sucesso* aborda um tópico que gostaríamos que os nossos accionistas ouvissem: "O Futuro de Portugal Reside nos Pequenos Negócios". Esperamos que tenha em consideração esta oferta.

Agradeço a atenção dispensada. Envio em anexo uma folha que resume todas as informações: remuneração, horários, hotel e transportes. Por favor informe-me até 15 de Junho se aceita este nosso convite. Pode contactar-me para o tel. --- --- ---.

Saudações cordiais,

Assinatura

Artur Hipólito
Assistente Administrativo Executivo

- CONVITE
- PORMENORES DA REUNIÃO
- EXPLICAÇÃO
- TÓPICO ESPECÍFICO
- AGRADECIMENTO
- ANEXO
- PRAZO PARA RESPOSTA
- INFORMAÇÕES PARA CONTACTO

Elogio a um orador

Esta carta elogia um orador que falou num evento relacionado com a empresa.

CARTA 63

Empresas, Lda.
Estrada da Lota, 19 • 4450-158 Matosinhos

11 de Agosto de 20XX

Adriano Lousada
Rua D. João IV
7830-389 Serpa

Ex.mo Senhor Adriano Lousada,

Em nome dos accionistas da Empresas, Lda., gostaria de lhe agradecer o discurso de ontem. Vários accionistas telefonaram-me esta manhã para dizer o quanto concordavam com o que disse.

Fiquei particularmente satisfeito por ouvir que a Empresas, Lda. está no caminho certo na nossa declaração de missão em relação aos pequenos negócios.

A renovação de uma base económica sólida nas áreas rurais do país é o resultado de pessoas progressistas como o senhor e o nosso quadro de directores. O Dr. Guilherme Furtado, um dos nossos maiores accionistas, ligou-me esta manhã e disse sucintamente: "O senhor Lousada acertou quando disse que o futuro está nos pequenos negócios".

Por favor envie-me o seu relatório de despesas para reembolso imediato. Inclua cópias dos recibos e um número de factura para facilitar a transacção.

Muito obrigado pelo seu discurso inspirador. Foi um privilégio para nós ouvi-lo.

Saudações cordiais,

Assinatura

Xavier Domingos
Presidente

- PRIMEIRO ELOGIO
- ELABORAÇÃO (OPCIONAL)
- TESTEMUNHO
- AGRADECIMENTO
- SEGUNDO ELOGIO

Checklist:

- [ ] Referiu o objectivo da carta na primeira parte?
- [ ] Explicou o objectivo com pormenores e informação de *background* na segunda parte?
- [ ] Fez um resumo do objectivo da carta na última parte?
- [ ] Utilizou um tom claro, informativo?
- [ ] Se a carta é de apreço ou agradecimento, utilizou um tom sincero?
- [ ] Personalizou a carta para evitar um estilo formal?

Capítulo 8
CARTAS COMERCIAIS PESSOAIS

Há ocasiões em que escreve em nome próprio e não da empresa. Este capítulo inclui exemplos que o irão ajudar a escrever cartas comerciais pessoais. As categorias mais alargadas são as seguintes:

- Felicitações.
- Felicitações – Social.
- Parabéns pelo aniversário.
- Boas Festas.
- Nascimento de um filho.
- Casamento.
- Doença – Hospital.
- Agradecimento.
- Pedido de desculpas.
- Solicitação.
- Pedido.
- Recusa.

Na margem de cada página, irá encontrar uma breve explicação de cada parte da carta. A primeira identifica cada uma delas. As cartas seguintes indicam apenas as alterações ao formato básico.

Guia passo a passo

Estas cartas são semelhantes às cartas de felicitação e agradecimento. São cartas nas quais promove optimismo relativamente a colaboradores, a parentes deles e a parceiros de negócios.

Passo 1: A primeira parte da carta identifica o objectivo. Dependendo do motivo por que escreve a carta, pode variar entre felicitar um parceiro de negócios ou colaborador e endereçar votos de Boas Festas.

Passo 2: A segunda parte da carta fornece pormenores ou informação de *background* sobre a primeira. Pode incluir detalhes sobre os feitos de um colaborador ou comentários pessoais sobre a primeira parte.

Passo 3: A última parte da carta funciona como um resumo, lembrando ao receptor a natureza geral da carta. Pode incluir prazos, uma nota de agradecimento ou um novo pedido. Muitas das cartas comerciais pessoais não necessitam de uma terceira parte.

Nota: Encontra-se no final deste capítulo uma *checklist* para utilizar quando escrever uma carta comercial pessoal.

Aspectos a não esquecer relativamente às cartas comerciais pessoais:

As cartas comerciais motivadas por uma questão social são uma excelente forma de estabelecer ou reforçar relacionamentos nos negócios. A utilização de notas pessoais para expressar agradecimento, reconhecimento ou condolências é considerada por muitos uma arte em desuso. Embora sejam cada vez menos aqueles que escrevem este tipo de notas, quase todos gostam de as receber e este tipo de cartas deixa uma impressão positiva.

É preferível as cartas comerciais pessoais serem manuscritas, embora as cartas dactilografadas também sejam aceitáveis. A não ser que a sua caligrafia seja ilegível, tente sempre enviar uma nota manuscrita em situações sociais. Mantenha a correspondência comercial pessoal curta e directa. Escreva com sinceridade. Não utilize o papel timbrado da empresa para notas pessoais sem a autorização da empresa. As notas curtas tendem a perder-se numa grande folha de papel, por isso considere os postais ou cartões pessoais para esta ocasião. Muitos profissionais mantêm o material de escritório personalizado à mão apenas para este tipo de correspondência.

CARTAS COMERCIAIS PESSOAIS 79

Felicitações

Felicite um colaborador, familiar de um colaborador ou parceiro de negócios por um sucesso alcançado.

Felicitações — Social

Esta carta felicita um colaborador, familiar de um colaborador ou amigo da empresa.

CARTA 64

R & A

13 de Agosto de 20XX

Caro Cristiano,

Parabéns pela vitória no escalão júnior do Grande Prémio de Equitação de Lisboa.

Obter uma vitória sendo tão novo é um feito extraordinário. Sei que além de ganhar o escalão júnior também obteve pontos para o escalão sénior.

A sua mãe está muito orgulhosa. Parabéns mais uma vez!

Atentamente,

Assinatura

Cátia

Cátia Aleixo
Presidente, Raposo e Aleixo
Rua Prof. Pedro Pontes • 1100-521 Lisboa

- CABEÇALHO
- DATA
- SAUDAÇÃO
- FELICITAÇÕES
- COMENTÁRIOS PESSOAIS (OPCIONAL)
- SEGUNDAS FELICITAÇÕES (OPCIONAL)
- SAUDAÇÃO FINAL
- ASSINATURA
- NOME DACTILOGRAFADO
- INFORMAÇÃO ADICIONAL

CARTA 65

Companhia Aérea Cruzador

6 de Agosto de 20XX

Caro Alex,

Parabéns pela vitória no concurso regional de discursos sobre as Invasões Francesas. O seu pai não conseguia parar de repetir como se sentia orgulhoso da sua vitória.

Interessei-me por ela, pois também eu fui um vencedor do concurso regional de discursos no Porto, há 21 anos. Não há nada como a emoção de saber que algo que fizemos pode ser vitorioso.

Parabéns mais uma vez e boa sorte para os Nacionais!

Atentamente,

Assinatura

Lourenço

Lourenço Pinhal
Presidente

- PRIMEIRAS FELICITAÇÕES
- COMENTÁRIOS PESSOAIS (OPCIONAL)
- SEGUNDAS FELICITAÇÕES (OPCIONAL)

Parabéns pelo aniversário

Esta pequena carta deseja a alguém (colaborador, familiar de um colaborador, amigo da empresa, parceiro de negócios) um feliz aniversário.

CARTA 66

25 de Maio de 20XX

Roberto Seabra
Rua da Baleia, 28
8650-357 Sagres

Caro Roberto,

É novamente o seu aniversário! Para onde foi o tempo? Esperamos que esteja a passar um dia feliz. Apreciamos o seu trabalho aqui no Cabo das Baleias e esperamos passar muitos mais aniversários juntos.

Atentamente,

Assinatura

Rui

Rui Trindade
Presidente, Cabo das Baleias

• PARABÉNS PELO ANIVERSÁRIO

Boas Festas

Esta pequena carta deseja Boas Festas a um colaborador ou parceiro de negócios. É particularmente útil para os colaboradores ou parceiros de negócios cuja religião não é abrangida pelos tradicionais postais de Boas Festas.

CARTA 67

15 de Dezembro de 20XX

Aarão Liebermann
Largo da Misericórdia, 96
4150-365 Porto

Caro Aarão,

Os mais calorosos votos de óptimas festividades para si e para a sua família. Nós na Invicta Joalheiros desejamos que esta época de festividades lhe traga o melhor de tudo. Os nossos cumprimentos para todos.

Atentamente,

Assinatura

Rodolfo

Rodolfo Viana
Invicta Joalheiros

• DESEJO DE BOAS FESTAS

Nascimento de um filho

Esta carta felicita o receptor pelo nascimento de um filho.

CARTA 68

4 de Junho de 20XX

Cara Vanessa,

Não há nada mais entusiasmante do que um novo bebé. Você e o João devem estar orgulhosos. Ficámos todos emocionados quando soubemos do nascimento do Francisco.

Estamos todos desejosos de a ver, ao João e ao Francisco quando nos vierem visitar na próxima semana. É a altura da nossa tradicional "Festa das Prendas".

Parabéns, Vanessa! Estamos todos invejosos do vosso bebé. Tome bem conta de vocês os três.

Atentamente,

Assinatura

Rafaela

Rafaela Pacheco
Chefe de escritório
Bonecas de Trapos

- PRIMEIRAS FELICITAÇÕES
- DECLARAÇÃO GERAL
- SEGUNDAS FELICITAÇÕES (OPCIONAL)
- OPTIMISMO

Casamento

Esta carta expressa felicitações quando um colaborador ou parceiro de negócios se casa.

CARTA 69

22 de Fevereiro de 20XX

Cara Cristina,

Em nome da Cardoso Associados, gostaríamos de desejar as maiores felicidades no casamento com David Espírito Santo. Todos nós lhe desejamos a maior das alegrias.

É sempre um prazer partilhar a felicidade de um dos nossos colaboradores. No seu caso ainda mais, porque tem sido uma parte tão importante da nossa empresa. Sei que falo por todos quando digo que não podia ter acontecido a uma pessoa melhor. Estamos todos ansiosos pelo seu regresso depois da lua-de-mel e esperamos conhecer o David brevemente.

As maiores felicidades mais uma vez. Vemo-nos dentro de semanas.

Atentamente,

Assinatura

Mateus

Mateus Ferro
Senior Partner
Cardoso Associados
Advogados
Rua Afonso Paiva, 45 • 2500-312 Caldas da Rainha

- PRIMEIRAS FELICITAÇÕES
- COMENTÁRIO PESSOAL
- SEGUNDAS FELICITAÇÕES (OPCIONAL)

Doença — Hospital

Esta carta exprime estima por um colaborador que está hospitalizado.

Agradecimento

Esta carta agradece a alguém (colaborador, familiar de um colaborador, parceiro de negócios) por algo que foi feito.

CARTA 70

10 de Janeiro de 20XX

Caro Vítor,

Lamento saber que está hospitalizado. Tenho a certeza de que a equipa médica do Hospital Central irá tomar conta de si e pô-lo bom. Por favor ligue-nos se tiver alguma questão relacionada com o seguro de saúde da empresa.

A Mobiliário Damasceno depende bastante dos seus colaboradores e sentiremos a sua ausência. Espero que recupere rapidamente. Ficamos a aguardar o seu regresso.

Atentamente,

Assinatura

Vitorino

Vitorino Damasceno
Presidente
Mobiliário Damasceno

- ESTIMA
- OPTIMISMO
- AJUDA

- COMENTÁRIOS ADICIONAIS

CARTA 71

Loja de Recordações do Giraldo
Rua do Giraldo, 854 • 7005-403 Évora

3 de Abril de 20XX

Caro Sr. Wu,

Quero agradecer-lhe ter-me enviado a morada e número de telefone da loja de recordações em Hong Kong.

Telefonei-lhes esta noite para perguntar sobre as toalhas de mesa de que me falou. Tinha razão. Foram muito cordiais e razoáveis nos preços. Pude encomendar dez toalhas de mesa a uma fracção do que me custariam aqui em Portugal.

Obrigado mais uma vez pelo seu gesto atencioso.

Atentamente,

Assinatura

Virgílio Fortunato

- PRIMEIRO AGRADECIMENTO

- EXPLICAÇÃO (OPCIONAL)

- SEGUNDO AGRADECIMENTO

CARTAS COMERCIAIS PESSOAIS   83

Pedido de desculpas

É um pedido de desculpas formal. Estas cartas geralmente reportam-se a eventos sociais.

Indagação

Esta carta pede informações para serem usadas pela empresa.

CARTA 72

Paredes e Godinho, Lda.
Apartado 2290 • 7100-113 Estremoz

2 de Dezembro de 20XX

Caro Sr. e Sra. Lencastre,

Por favor aceitem o meu pedido de desculpas por não ter estado presente no almoço de aniversário no dia 23 de Novembro. Espero que a minha mudança de planos de última hora não tenha sido um grande inconveniente para vós.

- **Primeiro pedido de desculpas**

Como sabem, tinha planeado estar presente e aguardava ansiosamente pela ocasião. Contudo, o meu irmão que vive em Lisboa foi sujeito a cirurgia de *bypass* de urgência e a sua esposa pediu-me para estar com ela. Se isto não tivesse acontecido, naturalmente teria estado convosco.

- **Explicação e comentários pessoais (opcional)**

Mais uma vez, peço a vossa compreensão neste assunto e espero que o meu telefonema de última hora a justificar a minha ausência tenha sido aceitável.

- **Segundo pedido de desculpas (opcional)**

Atentamente,

Assinatura

Artur Paredes

CARTA 73

Companhia dos Animais
Avenida Dr. Egas Moniz, 87 • 2205-020 Abrantes

14 de Fevereiro de 20XX

Pekka H. Huovienin
34 Raamintinuu
58 Helsinki 00580
Finland

Cara Sra. Huovienin,

Estamos a tentar reunir informações sobre uma raça de gatos denominada Suomi Shorthair e sabemos que é a melhor especialista em gatos na Finlândia.

- **Solicitação**
- **Elogio**

Temos uma cliente que está interessada em comprar um Suomi Shorthair. Viu-o uma vez numa Exposição Felina em Lisboa, mas desde então não conseguiu localizar nenhum. Veio à nossa loja e pediu-nos para a ajudarmos. Como a raça tem origem na Finlândia, pensámos que poderia dar-nos algumas informações. Estamos mais interessados em criadores que possam ter gatinhos para vender.

- **Explicação**

Iremos telefonar-lhe dentro de um mês para sabermos a resposta a esta solicitação. Obrigada por todo o seu trabalho. Aguardamos com expectativa o contacto.

- **Agradecimento**
- **Informação de contacto**

Atentamente,

Assinatura

Filipa Morgado

Pedido

Esta carta pede a um indivíduo ou empresa para agir em função de um pedido.

Recusa

Esta carta é uma resposta a uma carta de pedido e apresenta as razões por que o receptor não pode satisfazer o pedido do remetente.

CARTA 74

Transportadora da Ria
Apartado 2068 • 3800-176 Aveiro

21 de Agosto de 20XX

Joaquim Passos
Posto de Gasolina de Peniche
Estrada Nacional 212
2520-269 Peniche

Caro Sr. Joaquim Passos,

Seria possível fazer-nos chegar um casaco de cabedal preto que foi deixado na sua bomba de gasolina no último sábado?

• PEDIDO

Um dos nossos camionistas, António Rocha, esqueceu-se aí de um casaco de cabedal quando estava a fazer um serviço para nós. Outro dos nossos camionistas disse ao António que achava ter visto um casaco igual ao dele pendurado na vossa parede. Estava convencido que era o do António; há poucos casacos de cabedal que digam "Santa Rita, Brasil". O António pediu-nos para vos ligarmos, porque está de férias em Palma de Maiorca. Tentámos ligar várias vezes, mas o vosso telefone está sempre ocupado.

• EXPLICAÇÃO

• INFORMAÇÃO ESPECÍFICA

Agradecíamos que nos enviassem o casaco o mais rapidamente possível, a cobrar no destinatário. Obrigado pela vossa resposta imediata.

• AGRADECIMENTO

Atentamente,

Assinatura

Leonel Santiago
Presidente

CARTA 75

Posto de Gasolina de Peniche
Estrada Nacional 212 • 2520-269 Peniche

25 de Agosto de 20XX

Leonel Santiago, Presidente
Transportadora da Ria
Apartado 2068 • 3800-176 Aveiro

Caro Sr. Leonel Santiago,

Teria muito gosto em devolver o casaco do Sr. Rocha, mas não o tenho.

• RECUSA

O casaco que o vosso camionista viu diz "Rita e Basílio". Mandei fazer este casaco especialmente para a minha mulher. São os nomes dos nossos dois filhos. Verifiquei o nosso registo de camionistas e não esteve nenhum António Rocha no nosso posto no sábado que refere. Talvez tenha estado no Posto de Gasolina da auto-estrada. O número de telefone é o --- --- ---. Estão sempre a confundir-nos.

• EXPLICAÇÃO

• SERVIÇO ACRESCENTADO

Lamento não ter podido ajudar. Espero que o Sr. Rocha encontre o casaco rapidamente.

• LAMENTO
• OPTIMISMO

Atentamente,

Assinatura

Joaquim Passos

Checklist:

- [ ] O tom da carta é sincero?
- [ ] Mencionou o assunto da carta na primeira parte?
- [ ] Deu informações de *background* ou pormenores na segunda parte?
- [ ] Se utilizou uma terceira parte, voltou a felicitar, agradecer ou estabelecer prazos para o seu pedido?

Capítulo 9
CARTAS DE CONDOLÊNCIAS

Neste capítulo encontrará exemplos que o ajudam a escrever a mais difícil de todas as cartas, as cartas de condolências. As categorias mais alargadas são as que se seguem:

- Pela morte de um parceiro de negócios.
- Pela morte da mãe.
- Pela morte do pai.
- Pela morte da esposa.
- Pela morte do marido.
- Pela morte de um filho.

Na margem de cada página, irá encontrar uma breve explicação de cada parte da carta. A primeira identifica cada uma delas. As cartas seguintes indicam apenas as alterações ao formato básico.

Guia passo a passo

Embora estejam disponíveis em cartões, uma carta de condolências é mais pessoal. Estas cartas devem ser escritas num tom sincero. Se possível, fale sobre a pessoa que faleceu.

Passo 1: A primeira parte da carta expressa as suas condolências.

Passo 2: A segunda parte da carta deve falar, se possível, sobre a pessoa que faleceu. Se a conhecia bem, são apropriadas recordações pessoais. Se não a conhecia bem ou se não a conhecia de todo, esta parte é opcional; contudo, se de alguma forma puder relacionar a vida dessa pessoa com a sua, devia incluir esta parte.

Passo 3: A última parte da carta expressa novamente condolências ou apoio.

Nota: Encontra-se no final deste capítulo uma *checklist* para utilizar quando escrever uma carta de condolências.

Não se esqueça:

As cartas de condolências devem ser sempre escritas à mão. Não é de bom-tom dactilografar uma carta deste género.

CARTAS DE CONDOLÊNCIAS 89

Pela morte de um parceiro de negócios

Pela morte da mãe

CARTA 76

Cristóvão Lda.
Rua da Capela, 57 • 8600-300 Lagos

6 de Outubro de 20XX

Caro Miguel,

Fiquei chocado ao saber do falecimento do seu sócio, Amândio Borges. Embora soubesse que se encontrava doente, fiquei surpreendido com o seu súbito falecimento.

Eu e o Amândio trabalhámos juntos na loja Ferramentas e Utensílios no centro de Lagos quando ele aqui chegou em 1964. Nunca irei esquecer a sua imensa capacidade de ajudar os outros. Partilho a sua dor neste momento.

Se de alguma forma puder ajudar, por favor diga-me. Asseguro-lhe de que a sua perda é igualmente uma perda para Lagos.

Atentamente,

Cristóvão Dinis

- CABEÇALHO
- DATA
- SAUDAÇÃO
- CONDOLÊNCIAS
- RECORDAÇÃO PESSOAL DO FALECIDO
- NOVAS CONDOLÊNCIAS OU OFERTA DE APOIO
- SAUDAÇÃO FINAL
- ASSINATURA

CARTA 77

Vagões e Carruagens, Lda.

11 de Dezembro de 20XX

Cara Alexandra,

Por favor deixe-me expressar a minha mais profunda consternação em nome de toda a equipa aqui na Vagões e Carruagens, Lda. pelo falecimento da sua mãe.

Contou muitas vezes como era difícil a batalha da sua mãe contra o cancro. Embora estejamos tristes com a sua morte, tenho a certeza de que partilhamos o seu alívio, agora que ela está em paz. Era uma mulher corajosa.

Por favor aceite a nossa amizade. Fizemos uma colecta para uma contribuição em memória da sua mãe e enviámo-la para a Liga Portuguesa Contra o Cancro em nome dela.

Atentamente,

Carmo Avelar
Vice-Presidente, Vendas

- CONDOLÊNCIAS
- RECORDAÇÃO PESSOAL DO FALECIDO (OPCIONAL)
- NOVAS CONDOLÊNCIAS OU OFERTA DE APOIO

CORRESPONDÊNCIA COMERCIAL EFICAZ

Pela morte do pai

Pela morte da esposa

CARTA 78

Salinas da Câmara
Estrada Nacional 2 • 7580-105 Alcácer do Sal

2 de Novembro de 20XX

Caro Hans,

Ficámos tristes ao tomar conhecimento de que o seu pai faleceu na sexta-feira e queremos expressar a nossa amizade.

Embora não conhecêssemos bem o seu pai, tivemos oportunidade de estar com ele em várias ocasiões. Estava orgulhoso do seu novo país e de ser capaz de ajudar os seus filhos a estabelecerem-se aqui em Portugal. Embora a sua perda seja dolorosa, tem razões para se orgulhar do seu pai.

Se houver alguma forma de eu e a Diana o podermos ajudar e à sua família, diga-nos. Por favor tire os dias que precisar para tratar dos assuntos do seu pai.

Atentamente,

Fernando e Diana Câmara

- CONDOLÊNCIAS

- RECORDAÇÃO PESSOAL DO FALECIDO (OPCIONAL)

- NOVAS CONDOLÊNCIAS
- OFERTA DE APOIO

CARTA 79

1 de Março de 20XX

Caro Dinis,

Por favor aceite as nossas condolências no inesperado falecimento da sua mulher, Lídia. É difícil compreender por que estas tragédias acontecem e não percebo por que é que a Lídia lhe foi tirada tão cedo na vossa vida conjunta.

Espero que agora se rodeie de bons amigos e das agradáveis memórias que tem da Lídia. Lembro-me do sorriso radiante dela nos piqueniques da empresa. Parecia ter um entusiasmo pela vida que poucos de nós têm e estava disposta a partilhar esse entusiasmo com os outros. Nunca esquecerei a sua vitória exuberante na corrida de sacos no ano passado.

Por favor aceite o pouco conforto que estas palavras lhe podem dar. Se o pudermos ajudar de alguma forma, por favor ligue-nos.

Atentamente,

Eurico Aragão

- CONDOLÊNCIAS

- RECORDAÇÃO PESSOAL DO FALECIDO (OPCIONAL)

- NOVAS CONDOLÊNCIAS
- OFERTA DE APOIO

Pela morte do marido

CARTA 80

17 de Julho de 20XX

Cara Sra. D. Joana Coutinho,

O nosso mais profundo apoio para si e para a sua família pela morte do seu marido. Era um amigo querido para tantos de nós aqui na Corte-Real, Lda.

Quando o Edmundo veio para a Corte-Real, Lda. disse-nos que vinha para ficar, e ficou – 35 anos. Fico feliz que tenha podido gozar alguns anos de reforma antes de ficar doente.

Nós na Corte-Real, Lda. estamos aqui para quando precisar. Por favor aceite estas breves linhas como uma homenagem ao Edmundo.

Atentamente,

Emílio Corte-Real

- Condolências

- Recordação pessoal do falecido (opcional)

- Novas condolências
- Oferta de apoio

Pela morte de um filho

CARTA 81

23 de Fevereiro de 20XX

Caros Sr. e Sra. Figueiredo,

Fiquei chocado ao saber do falecimento do vosso filho, Francisco. Tais perdas desafiam a compreensão.

O Francisco costumava vir aos sábados com o Marco para a rádio e ficava a ouvir-me fazer o programa. Pedia-me sempre para passar a música de John Denver, "Rocky Mountain High". Dizia que o fazia sentir-se bem. Vou dedicá-la a ele este sábado.

Se puder fazer algo para ajudar, liguem-me. Marco, asseguro o seu serviço o tempo que precisar.

Atentamente,

Gil Damásio

- Condolências

- Recordação pessoal do falecido (opcional)

- Novas condolências
- Oferta de apoio

Checklist:

- [ ] A carta é sincera?
- [ ] A primeira parte da carta expressa condolências?
- [ ] A segunda parte da carta inclui recordações pessoais, no caso de conhecer o falecido?
- [ ] A terceira parte da carta expressa novamente condolências e apoio?
- [ ] A carta conforta os que sofrem?

Capítulo 10
CARTAS SOBRE MUDANÇAS DE EMPREGO

Uma das tarefas de escrita mais exigentes é procurar um novo trabalho ou contratar um novo colaborador. Estas são as duas principais categorias deste capítulo. Os tópicos incluem:

- Pedido de referências.
- Abdicar da confidencialidade.
- Pedido de reunião.
- Candidato à procura de emprego a solicitar uma entrevista.
- Confirmação de entrevista.
- Agradecimento pela entrevista.
- Candidatura espontânea.
- Cartas de apresentação para o *curriculum vitae*.
- Pedido de entrevista.
- Resposta a candidatura espontânea.
- Candidatura a emprego.
- Candidato à procura de emprego com contactos.
- Candidatura solicitada.
- Aceitação de emprego.
- Rejeição de emprego.
- Não aceitação de possível oferta de emprego.
- Demissão positiva.
- Demissão negativa.
- Resposta a oferta de emprego: referência às condições.

Os tópicos também incluem as seguintes respostas do empregador:

- Pedido de referências de emprego.
- Referências para antigos colaboradores.

- Cartas de recomendação.
- Referências de personalidade.
- Carta de apresentação.
- Relatório de progresso.
- Rejeição de candidatura.
- Resposta a candidatura de emprego rejeitada.
- Seguimento após não conseguir um emprego.
- Rejeição de uma candidatura interna.
- Rejeição de uma candidatura espontânea.
- Rejeição de uma candidatura solicitada.
- Convite para uma entrevista.
- Ofertas de emprego.
- Novo colaborador.
- Promoções.
- Aceitação de demissão.
- Recomendar um aumento.

Cartas comerciais gerais:

- Rejeição de negócios não solicitados.
- Carta de instruções.
- Pedido de informação.
- Confirmação para orador.
- Dar informações.
- Terminar relacionamentos de negócios.
- Rejeitar um pedido.
- Apresentar um novo colaborador.

Na margem de cada página, irá encontrar uma breve explicação de cada parte da carta. A primeira identifica cada uma delas. As cartas seguintes indicam apenas as alterações ao formato básico.

Guia passo a passo

As cartas para contratar colaboradores são utilizadas por muitas empresas em vez de um contrato elaborado por um advogado e são reconhecidas como documentos legais em muitos tribunais. É por isso extremamente importante que especifique todas as condições do emprego ao potencial colaborador. As cartas desta secção também incluem exemplos de cartas de rejeição e de cartas que pedem informações confidenciais.

Passo 1: A primeira parte da carta refere o seu objectivo. Pode ser qualquer coisa, desde oferecer um cargo a pedir informações.

Passo 2: A segunda parte da carta fornece os pormenores ou informação de *background* referentes à primeira. Se estiver a oferecer um cargo, é apropriado transmitir nesta secção todos os pormenores relacionados com o mesmo. Se estiver a pedir informações, deve explicar por que precisa das informações. Se estiver a rejeitar uma candidatura, deve facultar uma razão para a rejeição. Se estiver a recomendar ou dar uma referência a alguém, mostre o conhecimento específico, competências e capacidades que a pessoa tem que irão beneficiar o leitor.

Passo 3: A última parte da carta funciona como um resumo que relembra ao receptor a natureza geral da carta. Esta parte clarifica a acção que tem de ser feita, se a houver.

Nota: Encontra-se no final deste capítulo uma *checklist* para utilizar quando escrever cartas a contratar colaboradores.

Pedido de referências

Pedir a alguém que dê referências suas é embaraçoso para a maior parte das pessoas. Esta carta irá ajudar nessa tarefa.

CARTA 82

2 de Dezembro de 20XX
• DATA

José João Torres, Júnior
JJT: Equipamento Pesado
Apartado 1288 • 7320-113 Castelo de Vide
• MORADA DO RECEPTOR

Caro José João,
• SAUDAÇÃO

Posso usar o teu nome como referência para um emprego que espero arranjar? Estou a candidatar-me a gestor de riscos na Petrolífera Gasoil, na Refeições Rápidas, Lda. e na Editora Ponto Final Parágrafo. A nossa experiência na JJT deu-me confiança para tentar estes empregos.
• PEDIDO

Desde que acabei o bacharelato em Gestão do Risco no ano passado, tirei vários cursos de engenharia industrial. Estou familiarizado com a legislação sobre Higiene e Segurança no Trabalho e uma variedade de sistemas operacionais de instalações.
• PORMENORES

Tendo trabalhado juntos e sendo amigos há muitos anos, naturalmente pensei em ti como referência. No caso de te sentires confortável com este pedido, por favor devolve-me o envelope RSF incluído a declarar a tua aprovação. Agradecia a tua ajuda, claro, mas também compreendo que não queiras estranhos a telefonar e a querer informações internas sobre alguém que normalmente apanha mais peixe do que tu em cada pescaria. No entanto, sei que podia ter uma grande carreira em qualquer uma destas empresas e podia então convidar-te para um jantar de peixe num bom restaurante!
• ACTUALIZAÇÃO
• NOTA PESSOAL

Obrigado de qualquer das formas por seres um bom amigo – e o filho do dono de uma empresa de equipamento pesado que contratou um pobre pescador há alguns anos!
• AGRADECIMENTO

Atentamente,
• SAUDAÇÃO FINAL

Assinatura
• ASSINATURA

Luís
• NOME DACTILOGRAFADO

Abdicar da confidencialidade

Esta carta é uma autorização assinada pelo colaborador a dar ao empregador o consentimento para fornecer informações a terceiros, como a Segurança Social ou cônjuges que as solicitem. Protege o empregador de uma acção judicial por invasão da privacidade.

CARTA 83

Produtos Lácteos, Lda.
Estrada Nacional 3
2400-823 Leiria

Eu, o abaixo assinado, tenho conhecimento de que a minha entidade patronal recebeu um pedido de Cátia Vilaverde referente a informações sobre o meu emprego.
• RECONHECIMENTO

Concedo à minha entidade patronal autorização total para fornecer as informações descritas como historial de salário, historial de benefícios e faltas por doença acumuladas.
• AUTORIZAÇÃO DADA

Assinatura
• ASSINATURA

Jorge Sardinha
Colaborador
• NOME DACTILOGRAFADO

5 de Setembro de 20XX
• DATA

Pedido de reunião

Solicitar uma reunião ou uma entrevista é uma competência essencial no trabalho. Aqui está como o fazer.

CARTA 84

Rua Paulo VI, 96
3080-378 Figueira da Foz

26 de Abril de 20XX

Dra. Madalena Prado
Departamento de Hipotecas
Banco Nacional
Apartado 99
3080-177 Figueira da Foz

Ex.ma Senhora Dra. Madalena Prado,

Obrigada pela sua resposta à minha pergunta de 19 de Abril de 20XX, sobre o cargo de representante de hipotecas no Banco Nacional.

Se tiver algum tempo livre nos dias 7 ou 8 de Maio, gostaria de dispor de dez minutos do seu dia para rever um plano de cinco medidas para desenvolver um departamento de hipotecas num mês.

Este plano podia beneficiar todo o banco. Se o plano a interessar, podíamos então agendar tempo adicional para discutir como posso ajudar o BN a alcançar os seus objectivos em relação às hipotecas.

Irei telefonar a 2 de Maio para marcar uma hora. Fico na expectativa de a conhecer pessoalmente.

Atentamente,

Assinatura

Clara Meneses

- **Morada do remetente**
- **Agradecimento**
- **Posição de referência**
- **Pedido**
- **Benefícios**
- **Informação de contacto**

Candidato à procura de emprego a solicitar uma entrevista

Esta carta utiliza um pedido como um "anzol" para entrar na empresa. Simultaneamente, o autor é claro na declaração das suas qualificações e no desejo de ser considerado para um cargo no futuro.

CARTA 85

15 de Março de 20XX

Dr. Filipe Durão, Director de Pessoal
ABC Comunicações
Avenida D. João II, 60
6200-024 Covilhã

Ex.mo Senhor Dr. Filipe Durão,

Seria possível marcar uma entrevista consigo para discutir o seu trabalho nos recursos humanos, bem como novas orientações que considere estarem a desenvolver-se nessa área?

Estou a recolher informações para um artigo que estou a escrever sobre estudantes, cursos, perspectivas de emprego e futuros desenvolvimentos nos recursos humanos. O artigo será publicado no *Jornal da Covilhã*. Gostaria muito de contar com o seu contributo para o meu artigo.

Estou especialmente interessada no que está a acontecer em empresas de telecomunicações como a ABC. Como estudante finalista, vou terminar a licenciatura em Recursos Humanos e Comunicação Empresarial na Universidade da Beira Interior no final de Maio. Sinto que os estudos e actividades de Verão que tenho realizado, escrever notícias para a Associação Cristã da Juventude regional e desenvolver programas para os colaboradores da ACJ irão qualificar-me no futuro para um estágio na área dos recursos humanos.

Irei telefonar para o seu escritório na quarta-feira de manhã para marcar uma hora que seja conveniente. A minha entrevista não deve demorar mais do que 30 minutos.

Atentamente,

Assinatura

Mafalda Reis

- **Pedido**
- **Motivo**
- *Background*
- **Informação de contacto**

Confirmação de entrevista

Manter o seu nome visível para um potencial empregador é uma forma eficaz de persuadir alguém a contratá-lo. Confirmar uma entrevista atinge esse objectivo, ao mesmo tempo que reduz a confusão em relação a pormenores relacionados com a marcação.

CARTA 86

Rua Paulo VI, 96
3080-378 Figueira da Foz

2 de Maio de 20XX

Dra. Madalena Prado
Departamento de Hipotecas
Banco Nacional
Apartado 99
3080-177 Figueira da Foz

Ex.ma Senhora Dra. Madalena Prado,

Muito obrigada por arranjar tempo na sua agenda para me receber na segunda-feira, 7 de Maio, às 09h10.

Embora vá ser breve na minha apresentação dos cinco passos para desenvolver um departamento de hipotecas, também estarei disponível para abordar quaisquer receios que tenha em relação à capacidade da sua equipa de hipotecas atingir este objectivo no prazo de um mês.

Atentamente,

Assinatura

Clara Menezes

- AGRADECIMENTO
- CONFIRMAÇÃO
- AGENDA E INTENÇÃO

Agradecimento pela entrevista

Mais uma vez, mantenha o seu nome na secretária e no pensamento de um potencial empregador. Demonstrar boas maneiras também é uma ferramenta importante para conseguir um emprego.

CARTA 87

Rua Paulo VI, 96
3080-378 Figueira da Foz

7 de Maio de 20XX

Dra. Madalena Prado
Departamento de Hipotecas
Banco Nacional
Apartado 99
3080-177 Figueira da Foz

Ex.ma Senhora Dra. Madalena Prado,

Muito obrigada pela entrevista de hoje. Ainda me riu com a piada que contou sobre o advogado solitário.

Agradeço a sua análise das minhas qualificações e candidatura ao emprego de representante de hipotecas. Irei ligar na próxima segunda-feira para ver se tomou uma decisão sobre o cargo. Se puder responder a qualquer questão ou preocupação, por favor ligue-me para o tel. --- --- ---, de manhã, se possível.

Agradeço-lhe novamente o seu interesse.

Atentamente,

Assinatura

Clara Menezes

- AGRADECIMENTO
- LEMBRANÇA

- INFORMAÇÃO PARA CONTACTO

- SEGUNDO AGRADECIMENTO

CARTAS SOBRE MUDANÇAS DE EMPREGO **99**

Candidatura espontânea

Esta carta pode servir como carta de apresentação para um *curricu-lum vitae*. As palavras-chave estão relacionadas directamente com a matéria do *curriculum*.

CARTA 88

Rua da Ponte Velha, 67
4935-099 Viana do Castelo

12 de Outubro de 20XX

Aleixo Importações, Lda.
Rua General Costa Gomes, 54
4925-411 Lanheses

Ex.mo Senhor Dr. Aleixo,

Venho por este meio responder ao anúncio interno para a posição de Gestor de Projectos na sua organização. Um antigo colega, Rogério Álvares, alertou-me para a disponibilidade do cargo e sugeriu-me que o contactasse directamente.

Tenho quatro anos de experiência na Pontes, Lda. de Ponte da Barca, onde me especializei em Gestão de Sistemas de Informação. Quando actualizar a sua rede de computadores e aplicações, irá precisar de um especialista em cada departamento do seu negócio de importação. As palavras-chave que se seguem descrevem áreas da minha experiência e estudos que irá considerar muito pertinentes.

Competências na área da informática: DOS, WordPerfect, Lotus, Harvard Graphics; bacharelato em Ciências Computacionais, 1993.

Competências de comunicação: Excelente em gramática e vocabulário na comunicação escrita; boa comunicação oral e competências de formação; escrevi e entreguei relatórios anuais do departamento ao conselho de administração.

Experiência de vendas: Enquanto estudante da escola secundária e da universidade, fui vendedor durante três anos no Armazém do Cais.

Experiência de supervisão: Assistente do supervisor de armazém na Pontes, Lda. durante quatro anos.

Posso marcar uma hora para me encontrar consigo ou com um seu agente no início da próxima semana? Irei ligar para o seu escritório na quinta-feira, dia 16 de Outubro. Tenho disponibilidade imediata, a tempo da azáfama das festividades na Aleixo Importações, Lda. O meu número de telefone durante o dia é o --- --- ---. Por favor ligue a cobrar no destinatário se tiver alguma questão.

Atentamente,

Assinatura

Jaime Azambuja

- OBJECTIVO
- CARGO
- REFERÊNCIA
- *BACKGROUND*
- BENEFÍCIOS
- COMPETÊNCIAS ESPECÍFICAS
- PEDIDO
- INFORMAÇÕES PARA CONTACTO
- DISPONIBILIDADE

Cartas de apresentação para o *curriculum vitae*

Quando envia por fax o *curriculum* a um potencial empregador, envie também por correio ou entregue em mãos uma cópia com qualidade para os arquivos do empregador.

CARTA 89

Estrada do Rio, 54
1000-000 Lisboa

3 de Março de 20XX

Timóteo Bandeira, Geólogo
Recursos Naturais
Rua da Embaixada, 43
9000-208 Funchal

Caro Timóteo,

Apreciei a nossa conversa telefónica esta manhã e estava interessado no lugar de geólogo de exploração na Recursos Naturais. Como solicitou, estou a enviar-lhe por fax uma cópia do meu *curriculum*. Também vou enviar por correio uma cópia para o seu arquivo permanente.

Como mencionei durante a nossa conversa, sou geólogo petrolífero com sete anos de experiência no Dubai. Actualmente, estou a trabalhar para a Weaver Oil and Gas como Gestor de Geologia. As minhas funções incluem tanto prospecção como vendas. Tenho fortes capacidade técnicas e excelentes capacidades de comunicação oral e escrita. Por motivos familiares, estou muito interessado em mudar-me para a Madeira.

Fico a aguardar pelo nosso encontro a 11 de Novembro. Se desejar contactar-me antes da nossa entrevista, pode encontrar-me no tel. --- --- ---.

Obrigado novamente pelas informações que me deu ao telefone esta manhã.

Atentamente,

Assinatura

Adriano Belmonte

- OPTIMISMO
- PEDIDO
- RESPOSTA
- *BACKGROUND* (GERAL)
- INFORMAÇÕES PARA CONTACTO
- AGRADECIMENTO

100 **CORRESPONDÊNCIA COMERCIAL EFICAZ**

Este é o exemplo de uma pequena carta de apresentação para um *curriculum vitae* quando não se sabe se há uma posição disponível.

Pedido de entrevista

Esta carta solicita uma entrevista para se discutir um futuro emprego. Fornece informações suficientes para interessar o leitor, mas não faculta os pormenores de um *curriculum*.

CARTA 90

14 de Março de 20XX

Filomena Cerqueira, Secção de Pessoal
Ordem dos Médicos
Av. Almirante Gago Coutinho, 151
1749–084 Lisboa

Ex.ma Senhora Filomena Cerqueira,

Estou a contactá-la pois estou interessado numa posição em *part-time* como editor no Boletim da Ordem dos Médicos.   • MOTIVO

A minha experiência na escrita e edição incluem artigos para jornais, manuscritos, artigos para publicidade, livros, brochuras e manuais de formação.   • *BACKGROUND* (GERAL)

O meu *curriculum vitae* segue em anexo. Se tiver alguma questão ou precisar de mais informações, por favor ligue-me para o tel. --- --- ---.   • ANEXO
• INFORMAÇÕES PARA CONTACTO

Atentamente,

Assinatura

Bernardo Esteves

CARTA 91

Rua dos Correios, 77
8100-553 Loulé

23 de Março de 20XX

Dr. Agostinho Franco, Presidente
Editora Franco e Galvão
Rua Afonso Albuquerque, 32
4000-037 Porto

Ex.mo Senhor Dr. Agostinho Franco,

Sou editor profissional de negócios e irei mudar-me para a sua zona nos próximos seis meses. Planeio estar no Porto de 22 a 26 de Abril. Seria possível ter uma entrevista consigo para discutir oportunidades de emprego na zona do Porto e, mais especificamente, na Editora Franco e Galvão?   • INFORMAÇÕES
• PEDIDO (GERAL)

Possuo experiência como editor e redactor empresarial. Tenho seis anos de experiência na edição empresarial: quatro anos como editor assistente na Livros e Media e, mais recentemente, dois anos como consultor de escrita empresarial para grupos profissionais. Também publiquei *newsletters* para duas organizações sem fins lucrativos em regime de voluntariado.   • *BACKGROUND*

Caso seja conveniente, seria possível marcar uma hora para conversar consigo entre 22 e 26 de Abril? Telefonarei para o seu escritório na semana de 1 de Abril para confirmar se tem disponibilidade. Entretanto, se tiver alguma questão ou precisar de informações adicionais, por favor contacte-me para o tel. --- --- ---.   • PEDIDO (ESPECÍFICO)
• INFORMAÇÃO PARA CONTACTO

Atentamente,

Assinatura

Ernesto Lacerda

CARTAS SOBRE MUDANÇAS DE EMPREGO · 101

Resposta a candidatura espontânea

Esta carta responde a um pedido de emprego quando não há vaga.

CARTA 92

Publicidade Criativa
Apartado 983
2600-179 Vila Franca de Xira

5 de Janeiro de 20XX

Fábio Lobato
Rua da Praça de Touros, 878
2600-126 Vila Franca de Xira

Ex.mo Senhor Fábio Lobato,

A sua carta a indagar sobre oportunidades de emprego na nossa empresa foi-me enviada pela secção de pessoal devido ao seu interesse em publicidade e *copy*. Fico contente por ter pensado na Publicidade Criativa.

Contudo, neste momento todos os cargos de escrita estão preenchidos e não antecipo que haja vagas este ano. Irei pedir à secção de pessoal que mantenha a sua carta em arquivo durante três meses. Em Abril, comunique-lhes se ainda está interessado se abrir uma vaga.

Atentamente,

Assinatura

Sandro Monteiro
Director Criativo

- AGRADECIMENTO

- MOTIVOS
- NOTÍCIA NEGATIVA
- OPÇÃO

Candidatura a emprego

Esta carta responde a um anúncio de emprego; inclui o *background* do remetente e solicita uma entrevista.

CARTA 93

Rua 1.º de Maio, 38
7050-097 Montemor-o-Novo

19 de Abril de 20XX

Dra. Raquel Pedroso
Editora Revolta das Artes
Rua do Mercado, 14
2710-144 Sintra

Ex.ma Senhora Dra. Raquel Pedroso,

Estou a escrever em resposta ao vosso anúncio na edição de Dezembro da *Revista Mundo do Papel*, na qual anunciou uma vaga para vendedor na Editora Revolta das Artes.

Tenho cinco anos de experiência em vendas na indústria livreira. Nos últimos três anos, geri a Livros para Todos, uma livraria independente em Montemor-o-Novo. Estou familiarizada com os produtos que publica e acredito que a minha experiência como vendedora e com o público comprador podia beneficiar a sua empresa. Como gerente de uma livraria independente, demonstrei a minha capacidade para estabelecer objectivos e completar projectos a tempo e horas.

No meu emprego actual, sou responsável por adquirir novas publicações e fazer o inventário, mas também por realizar a análise das tendências de vendas utilizando um sistema de inventário computorizado. Tenho um bacharelato em Literatura Portuguesa e sou uma participante activa em *workshops* locais de escritores. Envio em anexo uma cópia do meu currículo para sua análise.

Gostaria de me encontrar consigo e irei contactar o seu escritório na semana de 27 de Abril para saber se poderemos marcar uma entrevista. Se desejar contactar-me antes dessa data, por favor ligue-me para o tel. --- --- ---.

Atentamente,

Assinatura

Paula Rios

- OBJECTIVO
- CARGO

- REFERÊNCIA

- *BACKGROUND*

- COMPETÊNCIAS ESPECÍFICAS

- ANEXO

- PEDIDO

- INFORMAÇÕES PARA CONTACTO

Candidato à procura de emprego com contactos

Esta carta solicita uma entrevista de emprego e menciona um contacto.

Candidatura solicitada

Embora nesta situação o empregador inicie o contacto, o candidato ao emprego tem de responder com uma táctica pessoal de vendas, como mostra este exemplo.

CARTA 94

10 de Novembro de 20XX

Eng. Nuno Sampaio
Director, Comunicações Internas
Telecomunicações Sem Fios, Lda.
Apartado 3245
4710-308 Braga

Ex.mo Senhor Eng. Nuno Sampaio,

João Vilhena, o seu director de relações públicas, disse-me que está à procura de um especialista em comunicação. Concluí recentemente o curso na Universidade do Minho e gostaria de ter a oportunidade de falar consigo acerca do cargo.

• Contacto

• Motivo

A minha licenciatura é de Comunicação Social e o meu estágio do último ano decorreu na secção de comunidade do *Notícias do Minho*. No Verão de 20XX, fui assistente do editor da *newsletter* do Hospital de Braga e fui responsável por escrever os artigos e tirar as fotografias.

• *Background*

Seria possível marcarmos uma entrevista para discutirmos as minhas qualificações e o meu interesse em trabalhar consigo como especialista em comunicação? Contactarei o seu escritório na segunda-feira de manhã para marcar uma hora que seja conveniente para si.

• Pedido

• Informação de contacto

Atentamente,

Assinatura

Paulo Silvestre

CARTA 95

Avenida das Descobertas, 12
3000-330 Coimbra

3 de Agosto de 20XX

Dr. David Quaresma, Administrador
Instituto de Química
Rua da Universidade, 89
3000-142 Coimbra

Ex.mo Senhor Dr. David Quaresma,

Muito obrigado pelo seu telefonema esta manhã a solicitar a minha candidatura para responsável pelo desenvolvimento de produtos. Fico satisfeito por o nosso amigo comum, Mário Resende, ter falado tão bem de mim.

• Lembrança
• Cargo
• Referência

O seu telefonema surgiu num momento oportuno na minha carreira. Sinto-me encorajado por a direcção tomada pela sua empresa ser a mesma que eu procurei para várias ideias de novos produtos. O seu objectivo de um aumento de dez por cento nos produtos nos próximos dois anos é um desafio que estou disposto a aceitar.

• Benefícios

Estou ansioso por discutir este potencial crescimento consigo na próxima quarta-feira no seu escritório, às 14h15, como sugeriu hoje na nossa conversa. Entretanto, poderá ligar-me para o tel. --- --- --- se precisar de informações adicionais antes da nossa reunião.

• Confirmação

• Informações para contacto

Agradeço novamente o seu interesse.

• Agradecimento

Atentamente,

Assinatura

Gabriel Sá

CARTAS SOBRE MUDANÇAS DE EMPREGO   103

Aceitação de emprego

Coloque-o por escrito! Confirme as especificações como as entendeu.

CARTA 96

Rua do Património, 70
1200-723 Lisboa

15 de Dezembro de 20XX

Eng. Rui Valério
Petrolífera Querosene
Apartado 45
1170-059 Lisboa

Ex.mo Senhor Eng. Rui Valério,

É um prazer aceitar a posição de gestor de risco, a partir de 3 de Janeiro de 20XX. Estou ansioso para começar o meu novo trabalho.

Obrigado pela confiança que depositou em mim. Irei dar o meu melhor para superar o desafio apresentado pelo crescimento fenomenal da Petrolífera Querosene.

Atentamente,

Assinatura

Ricardo Vilarinho

- ACEITAÇÃO
- DATA

- AGRADECIMENTO
- INTENÇÃO

Rejeição de emprego

Esta é uma situação difícil. Se sabe que o emprego é inadequado para as suas competências, seja honesto e actue para remediar a situação. A sua integridade e credibilidade irão aumentar com esta carta.

CARTA 97

Rua dos Heróis do Ultramar, 43
4750-309 Barcelos

18 de Janeiro de 20XX

Cláudia Rua, Directora
Metalúrgica Barcelense
Apartado 1059
4755-065 Barcelos

Ex.ma Senhora Cláudia Rua,

A posição de assistente executivo de desenho é entusiasmante. Obrigado por ter pensado em mim. Contudo, presentemente não posso aceitar esta oferta em plena consciência.

O conhecimento em computadores que a posição exige para obter sucesso obriga a uma maior experiência do que a que possuo actualmente. Quero ter um excelente desempenho; por isso, inscrevi-me num curso de CAD na Universidade do Porto. Em quatro meses terei os conhecimentos para tentar com determinação uma posição semelhante.

Talvez os professores da UP possam sugerir nomes de estudantes recentes que estão agora preparados para enfrentar as responsabilidades da função. Alguém com mais preparação do que eu está à espera de descobrir a Metalúrgica Barcelense.

Mais uma vez muito obrigado por ter pensado em mim. Foi o incentivo que precisava para obter a preparação extra que tenho de ter para continuar na área do desenho industrial. Tenciono estar preparado para a próxima vaga de assistente executivo de desenho, dado que a sua empresa continua a expandir as suas operações.

Atentamente,

Assinatura

Nuno Rocha

- CARGO
- AGRADECIMENTO
- REJEIÇÃO

- MOTIVO

- DECISÃO

- SUGESTÃO DE ALTERNATIVA

- SEGUNDO AGRADECIMENTO

- INTENÇÃO

Não aceitação de possível oferta de emprego

Esta carta é positiva e sugere a continuação de um relacionamento de negócios no futuro.

CARTA 98

23 de Junho de 20XX

Verónica Paranhos
Presidente
Quinta Exploração
Apartado 1312
9760-441 Praia da Vitória
Ilha Terceira
Açores

Cara Verónica,

Muito obrigada pela carta a notificar-me que era uma das candidatas finais à posição de administradora. Gostei de a conhecer na terça-feira, de visitar a empresa e aprender mais sobre os objectivos da administração. • Optimism

Contudo, como falámos na nossa reunião, a minha prioridade é estabelecer-me no continente e continuei à procura de oportunidades. Recentemente, recebi uma oferta no meu campo da hidrologia, localizada próximo de membros da minha família. Devido às responsabilidades inerentes à posição e ao que o futuro promete, aceitei a oferta. • Motivo • Resultado

Espero que nos encontremos novamente, talvez na conferência anual no próximo Verão. Como está agendada para o Porto, prometo-lhe uma visita à cidade. • Futuro • Optimism

Obrigada mais uma vez pelo excelente dia na Quinta Exploração. • Agradecimento

Atentamente,

Assinatura

Leonor Marinho

Demissão positiva

Quando tiver de "seguir em frente" para aceitar novas oportunidades, utilize este exemplo para orientar o esboço da sua demissão. Pode ser muito curta; basicamente, fornece um aviso formal para objectivos de documentação. Ou pode fornecer uma explicação. Os empregadores gostam de compreender a situação.

CARTA 99

Rua Doutor Alfredo Sampaio, 52
1700-158 Lisboa

2 de Fevereiro de 20XX

Jorge Ornelas
Aviação Sem Ruído
Aeroporto de Lisboa
1750-140 Lisboa

Caro Jorge,

É com profunda mágoa e algum entusiasmo que tenho de apresentar a demissão de supervisor do turno da noite, com efeitos a partir de 1 de Março de 20XX. A minha família vai transferir-se para o Porto nesta Primavera, para que a minha mulher possa aceitar uma oferta lucrativa numa firma de advogados. É uma oportunidade que não podemos desperdiçar. • Sentimentos • Demissão • Data • Motivo

Ajudarei com agrado na formação do meu substituto. O nosso turno da noite tem alguns trabalhadores competentes que darão excelentes supervisores de turno. • Oferta de ajuda

O seu encorajamento durante os últimos nove anos permitiu-me crescer nas minhas responsabilidades e capacidades. Obrigado por estes anos bem sucedidos. Sentirei a sua falta, Jorge, bem como dos meus outros amigos na Aviação Sem Ruído. A sua liderança deixou-me muitas boas memórias. Desejo-lhe a continuação de sucesso. • Agradecimento • Nota pessoal

Atentamente,

Diogo

CARTAS SOBRE MUDANÇAS DE EMPREGO **105**

Demissão negativa

Quando tiver de abandonar um cargo sob pressão ou *stress*, mantenha a explicação curta, honesta e positiva. Nunca escreva uma carta de demissão quando estiver zangado. O objectivo é descrever qualquer conflito sério com calma, racionalidade e de forma elegante. Apesar das divergências, pode precisar de referências deste empregador no futuro.

Resposta a oferta de emprego: referência às condições

Esta carta responde a uma oferta de emprego. O remetente refere as condições de emprego nesta resposta.

CARTA 100

Rua do Moliceiro, 18
3800-042 Aveiro

14 de Julho de 20XX

Dra. Francisca Montenegro, Directora de Marketing
Marketing Criativo
Edifício Industrial
Avenida das descobertas, 45
3800-355 Aveiro

Cara Dra. Francisca,

Apresento a minha demissão do cargo de representante das contas especiais, com efeitos a partir do dia 30 de Julho de 20XX.

Circunstâncias recentes incompatíveis com os meus valores pessoais exigem que mude de emprego.

Obrigada pela oportunidade de trabalhar e aprender na Marketing Criativo.

Atentamente,

Assinatura

Júlia Parreira

- DEMISSÃO
- DATA
- MOTIVO
- AGRADECIMENTO

CARTA 101

Rua José Vieira, 31
4820-273 Fafe

16 de Julho de 20XX

Eng. José Eduardo Amorim
Design Inovador
Avenida Força Aérea Portuguesa, 45
4820-157 Fafe

Ex.mo Senhor Eng. José Eduardo Amorim,

Estou ansiosa por começar a trabalhar no meu cargo de gestora de escritório na Design Inovador com efeitos a partir de 1 de Agosto. Obrigada pela confiança que demonstrou nas minhas capacidades.

De acordo com a nossa conversa sobre a minha remuneração, entendi que será de 1800 euros por mês e que o meu salário será revisto anualmente com início um ano após entrada na empresa. Sei também que tenho de marcar as minhas férias com pelo menos quatro semanas de antecedência.

Estou contente por me associar à Design Criativo.

Atentamente,

Assinatura

Mónica Arruda

- ACEITAÇÃO
- DATA
- AGRADECIMENTO
- CONDIÇÕES
- ELOGIO

Pedido de referências de emprego

Esta carta é de uma empresa que pede uma referência ao anterior empregador de um candidato a emprego.

CARTA 102

Móveis Norte
Rua dos Aliados, 30 • 4600-043 Amarante

28 de Fevereiro de 20XX

Renato Barbosa, Presidente
Móveis Sol
Rua 31 Janeiro, 98
4730-710 Vila Verde

Ex.mo Senhor Renato Barbosa,

Recebemos recentemente uma candidatura de João Caiado para o cargo de mestre carpinteiro na nossa empresa. Sabemos que anteriormente foi vosso colaborador. — • IDENTIFICAÇÃO DO CANDIDATO

Gostaríamos que nos dessem algumas informações sobre os hábitos de trabalho do Sr. Caiado, conhecimentos como mestre carpinteiro e comportamento. Também gostaríamos que partilhassem connosco as razões por que não continua a trabalhar na vossa empresa. — • EXPLICAÇÃO DO PEDIDO

Ficamos a aguardar o vosso contacto no início de Março. Por favor avisem-nos se as informações que fornecerem forem confidenciais. Agradeço o tempo dispensado na resposta a este pedido. — • PRAZO / • AGRADECIMENTO

Atentamente,

Assinatura

Júlio Damasceno
Presidente

Referências para antigos colaboradores

Esta carta é uma referência para um antigo colaborador que está à procura de emprego noutro local.

CARTA 103

Escola Básica 2/3 de Milfontes
Rua do Cais, 32 • 7645-237 Vila Nova de Milfontes

12 de Março de 20XX

Dr. Ramiro Fontoura, Director
Colégio Eça de Queiroz
Rua do Pinhal, 21
7670-261 Ourique

Ex.mo Senhor Dr. Ramiro Fontoura,

A Dra. Patrícia Hipólito foi professora requisitada na Escola Básica 2/3 de Milfontes de Abril a Junho de 1998. Saiu devido a um decréscimo nos fundos para a educação especial. — • IDENTIFICAÇÃO DO EMPREGO ANTERIOR

Durante a sua curta permanência, a Dra. Patrícia Hipólito desempenhou as suas funções muito bem. Era a professora requisitada para as turmas do oitavo ano com desordens de comportamento e era apreciada tanto pelos alunos como pelos funcionários. Os professores com quem trabalhou elogiam as suas capacidades e vontade de cooperar. — • EXPLICAÇÃO DO DESEMPENHO

Recomendo a Dra. Patrícia para qualquer cargo de ensino. Por favor sinta-se à vontade para me ligar ou à Dra. Maria José Leite, a sua antiga supervisora, para mais informações. — • RECOMENDAÇÃO / • INFORMAÇÕES PARA CONTACTO

Atentamente,

Assinatura

Lídia Mata
Presidente do Conselho Executivo

CARTAS SOBRE MUDANÇAS DE EMPREGO 107

Cartas de recomendação

Esta carta recomenda um antigo colaborador que pediu referências.

As cartas de recomendação sublinham a forma como a pessoa trabalhou num emprego anterior e o seu nível de conhecimento. Também devem incluir o tipo de relacionamento entre aquele que procura o emprego e quem escreve a recomendação e a sua duração. Não hesite em ser entusiasta, mas certifique-se de que o candidato pode corresponder aos seus comentários.

CARTA 104

Mourinho & Moutinho
Firma de Advogados
Rua da Marina, 21
8200-594 Albufeira

13 de Março de 20XX

Dr. Lucas Noronha
Dept.º de Pessoal
Câmara Municipal de Silves
Apartado 490
8300-034 Silves

Ex.mo Senhor Dr. Lucas Noronha,

A Sra. Elisabete Branco, que se candidatou ao cargo de Secretária/Directora Financeira do município de Silves, pediu-me que lhe fornecesse uma carta de recomendação. Fico contente por satisfazer o seu pedido. — • Motivo

A Elisabete era a secretária do departamento de pessoal do município de Albufeira quando comecei como director de pessoal em Setembro de 20XX. Descobri que era muito eficiente. — • Emprego anterior

Durante os dois anos que trabalhou comigo, a Elisabete foi extremamente competente na administração de todas as funções do escritório, que incluíam supervisionar o secretário em *part-time*. — • Explicação do desempenho

A Elisabete é uma supervisora pró-activa, capaz, eficiente e uma trabalhadora excepcional. Dou-lhe a minha recomendação mais elevada. Será um membro valioso da sua equipa. — • Recomendação

Atentamente,

Assinatura

Nuno Moutinho
Sócio

CARTA 105

Colégio Vasco da Gama
Praça da República, 76
2765-259 Estoril

16 de Janeiro de 20XX

Dra. Lara Faria, Directora
Colégio de Oeiras
Rua do Mosteiro, 54
2780-171 Oeiras

Cara Dra. Lara Faria,

É com enorme prazer que recomendo Maria Alice Costa para o cargo de professora de Física na Escola Secundária de Oeiras. — • Introdução

A Dra. Alice deu aulas na Escola Secundária Vasco da Gama de 1988 a 1996, período durante o qual eu era presidente do Conselho Directivo. As suas responsabilidades de ensino eram Física, Química e Ciências da Natureza do 9.º ano. Foi uma das melhores professoras que alguma vez tivemos na área de ciências e tivemos muita pena quando ela e a família se mudaram para Cantanhede. Posso garantir-lhe que, se tivesse uma vaga na área das ciências, a contratava. É criativa, profundamente consciensiosa, profissional e trabalhadora. — • Relacionamento com o remetente / • Informação de *background* / • Atributos da pessoa recomendada

Recomendo-a fortemente e tenho a certeza de que ficará mais do que satisfeita com o seu desempenho na sala de aulas. — • Recomendação

Atentamente,

Assinatura

Tomás Veiga
Director

Referências de personalidade

Semelhante à carta de recomendação, a referência do carácter refere-se apenas ao carácter da pessoa. Deve incluir o seu relacionamento com ela e há quanto tempo a conhece.

CARTA 106

Paróquia de Aveiro
Largo da Igreja • 3810-158 Aveiro

29 de Maio de 20XX

Agência de Emprego Factor X
Avenida do Terminal, 22
3810-042 Aveiro

Ex.mos(as) Senhores(as),

É com agrado que escrevo uma referência sobre o carácter de Joana Oleiro.

Conheço a Joana desde que me mudei para Aveiro, tinha ela três anos. Como padre da Paróquia de Aveiro, pude observar a Joana a crescer até à jovem adulta que é hoje. É uma trabalhadora incansável, que deu mais horas de voluntariado do que qualquer outro dos nossos jovens adultos da paróquia. Está sempre alegre e é de confiança.

Tenho a certeza de que quem a contratar irá considerá-la uma boa trabalhadora e uma pessoa agradável. É uma verdadeira jóia.

Atentamente,

Assinatura

Padre Diamantino Paixão

- Introdução
- Relacionamento com o remetente
- Informação de *background*
- Atributos da pessoa recomendada
- Recomendação

Carta de apresentação

Esta carta apresenta alguém a uma empresa ou indivíduo. As cartas de apresentação são semelhantes às referências, descrevendo muitas vezes as qualificações da pessoa a ser apresentada.

CARTA 107

Quintanilha e Pessoa, Associados
Rua da Junqueira, 41 • 2754-001 Cascais

7 de Outubro de 20XX

António Pedro Rolim
Rua Fernando Pessoa, 90
7540-138 Santiago do Cacém

Caro António,

Quero apresentar-te o Dr. Afonso Sousa, que vai mudar-se para Santiago do Cacém em Novembro. Como antigo estudante da Universidade de Coimbra, serias capaz de o considerar para um cargo na tua empresa?

O Dr. Afonso trabalhou na nossa empresa de advocacia durante o último ano. Foram-lhe entregues os casos de divórcio, com os quais lidou extremamente bem e estava lançado para se estabelecer como um dos melhores advogados de divórcio que já vi. O Dr. Afonso estava na calha para uma sociedade aqui, mas quis regressar ao Alentejo, o que compreendo, dado que também sou alentejano. Inclui referências de cada um dos nossos sócios. Vais descobrir que todos temos o Dr. Afonso em elevada consideração.

Por favor arranja tempo para ler as referências e apresenta os nossos cumprimentos ao Dr. Afonso quando chegar. Não lhe prometi nada, mas estou seguro de que o irás ajudar de alguma forma, como farias com qualquer antigo aluno da Universidade de Coimbra.

Atentamente,

Assinatura

Jorge Quintanilha
Sócio

- Introdução
- Pedido

- *Background* da pessoa apresentada e relacionamento com o remetente

- Pedido

- Clarificação

Relatório de progresso

Uma avaliação ou relatório de progresso é uma comunicação essencial para a carreira de qualquer pessoa. Mantenha um tom honesto, positivo, que se concentre nas particularidades.

CARTA 108

30 de Agosto de 20XX

Presidente
Comissão de Desenvolvimento Profissional Académico
Escola de Teologia de São Paulo
Travessa São Pedro, 43
4560-503 Penafiel

Ex.mo Senhor Presidente,

Recentemente, o reverendo Simão Valente, Director dos Arquivos e Ajuda Financeira de São Paulo, pediu ao Sr. Lee Yoon Park para obter um resumo do progresso dos seus estudos de línguas este Verão. Fico satisfeita por lhe relatar que ele é um aluno excepcional, que teria recebido um 18 a Português se tivesse optado por ter nota. Tive a felicidade de ser a sua professora.

• OBJECTIVO

• AVALIAÇÃO
• RELACIONAMENTO

O Sr. Park passou aproximadamente 25 horas de intensa conversação e estudo do Português escrito comigo em Junho e Julho. Este tempo foi significativamente reduzido em comparação com as vastas horas de estudo autodirigido que completou entre cada uma das nossas reuniões. Esta autodirecção mostra a sua determinação em ultrapassar qualquer obstáculo linguístico que possa ainda sentir.

• CARÁCTER
• OBSERVAÇÕES
• DURAÇÃO DO RELACIONAMENTO

Durante as nossas reuniões, ficava espantada com a percepção e humor do Sr. Park. É uma alegria observar e aprender com a sua sagacidade. Coloca questões profundas, tais como: "Qual é a sua filosofia de origem?" Partilha a sua herança coreana e história com aqueles que perguntarem. Lê literatura sofisticada – incluindo alguma que ainda não li! Viaja com a família e amigos sempre que pode, em especial fazendo visitas a parques nacionais em Portugal. Todas estas actividades testemunham o valor da aprendizagem para o Sr. Park. A sua capacidade de comunicação aumenta com regularidade.

A capacidade de comunicar do Sr. Park ultrapassa o seu conhecimento do português ou do coreano – toca o cerne da nossa humanidade mútua. Obrigado por reconhecer a promessa do meu amigo e por apoiar os seus esforços.

• CONHECIMENTO

• AGRADECIMENTO

Atentamente,

Assinatura

Vera Sobral, Dra.

Rejeição de candidatura

Pior do que escrever uma carta de rejeição é receber uma. Todos aqueles que se candidatam a um cargo merecem cortesia. Seja claro e gentil na sua abordagem. Dê as más notícias na frase de abertura e depois continue a explicar as razões. Pode querer elogiar o candidato.

CARTA 109

COMUNICAÇÕES ONLINE
Rua do Posto Médico, 33 • 2040-209 Rio Maior

26 de Julho de 20XX

Mariana Sobral, Contabilista
Rua 25 de Abril, 55
7630-124 Odemira

Ex.ma Senhora Mariana Sobral,

Muito obrigado por nos dar a oportunidade de conhecer as suas qualificações de contabilista.

• AGRADECIMENTO

Embora actualmente não tenhamos qualquer vaga no nosso departamento de contabilidade, estamos sempre à procura de pessoas competentes.

• REJEIÇÃO/MOTIVO
• ELOGIO

Podemos manter a sua ficha activa durante os próximos 90 dias, para o caso de surgir alguma oportunidade? Iremos notificá-la de imediato se algum cargo ficar disponível.

• PEDIDO

Entretanto, boa sorte na sua procura de emprego. Tenho a certeza de que com a sua experiência irá encontrar uma posição adequada em breve.

• OPTIMISMO
• NOTA PESSOAL

Atentamente,

Assinatura

Raul Toledo
Director de Pessoal

Resposta a candidatura de emprego rejeitada

Esta carta surge na sequência de não se ter sido contratado. Deixa a porta aberta para uma chamada se abrir outra vaga. O tom da carta é amável e profissional.

Seguimento após não conseguir um emprego

Esta carta responde a uma anterior que informa o leitor que um emprego foi preenchido. É positiva e deixa a porta aberta para um futuro contacto com a empresa.

CARTA 110

Largo do Cais
7750-302 Mértola

21 de Julho de 20XX

Dr. Marco Quintana, Director de Pessoal
Mercado Real
Apartado 8452
7750-320 Mértola

Ex.mo Senhor Dr. Marco Quintana,

Muito obrigado por me ter ponderado para o cargo de supervisor de contas na Mercado Real. Compreendo que as minhas qualificações não coincidem com as necessidades da sua empresa no momento actual.

• Agradecimento

Estou muito impressionado com a sua empresa. Acredito que a Mercado Real continua a ter sucesso devido à capacidade da gestão em analisar a direcção das tendências de mercado. Espero que me tenham em consideração novamente, no caso de aparecer outra oportunidade de emprego compatível com a minha experiência.

• Optimismo

• Pedido

Caso queira contactar-me, por favor ligue para o tel. --- --- ---.

• Contacto

Agradeço novamente a oportunidade de interagir com a Mercado Real.

• Segundo agradecimento (opcional)

Atentamente,

Assinatura

Martim Rosa

CARTA 111

Inês Trigo
Rua Doutor Álvaro Costa
3100-428 Pombal

21 de Outubro de 20XX

Dra. Carolina Gonçalves
Engenheiros do Aço
Apartado 2955
3100-371 Pombal

Ex.ma Senhora Dra. Carolina Gonçalves,

Aprecio a sua disponibilidade em comunicar-me que o director de recursos humanos foi seleccionado. A oportunidade de discutir o cargo e ficar a conhecer a sua empresa foi um prazer, assim como ter conhecido a equipa. Muito obrigada.

• Apreço

• Agradecimento

Se, no futuro, abrir uma vaga na Engenheiros do Aço que se adeqúe aos meus objectivos, *background* e experiência, por favor ligue-me. Estou comprometida nesta área e no campo dos recursos humanos e, claro, estou muito interessada na Engenheiros do Aço.

• Optimismo

Atentamente,

Assinatura

Inês Trigo

CARTAS SOBRE MUDANÇAS DE EMPREGO · 111

Rejeição de uma candidatura interna

Esta carta rejeita o pedido de um colaborador para um novo cargo dentro da empresa.

CARTA 112

Poder Industrial
Praça da Fonte, 15
2870-233 Montijo

10 de Outubro de 20XX

Rafael Varela
Rua Pedro Álvares Cabral, 56
2870-252 Montijo

Caro Rafael,

Obrigado pelo seu interesse em tornar-se parte do departamento de formação e desenvolvimento da Poder Industrial como formador. Concordo que todos precisamos de uma hipótese de vez em quando. Contudo, embora tenha uma boa experiência na produção, esta posição requer conhecimento profundo do processo de formação.

- OPTIMISMO
- ACORDO

Embora esteja na Poder Industrial há cinco anos, o seu *background* e experiência não o prepararam para este cargo em particular. Recebemos várias candidaturas de pessoas com experiência de formação e mesmo algumas com experiência de formação na indústria transformadora. A empresa irá preencher a vaga a partir dessas candidaturas.

- REJEIÇÃO
- MOTIVO

Infelizmente não foi seleccionado para este cargo, mas estou atento ao facto de querer continuar a melhorar a sua posição dentro da empresa. Encorajo-o a fazê-lo e tenho a certeza de que nós – a empresa e você – iremos encontrar a posição que melhor se adequa à sua experiência e *background*.

- ENCORAJAMENTO

Saliento mais uma vez que aprecio o seu interesse e esforço na empresa e desejo-lhe boa sorte em todas as futuras promoções.

- OPTIMISMO

Atentamente,

Assinatura

Ivo Bessa
Presidente

Rejeição de uma candidatura espontânea

Esta carta é usada para informar um candidato que não há vagas disponíveis actualmente para as quais esteja qualificado.

CARTA 113

Banco do Nordeste
Rua do Logradouro, 87 • 4520-159 Santa Maria da Feira

30 de Agosto de 20XX

Adriana Borges
Rua do Fontanário, 43
4520-192 Santa Maria da Feira

Ex.ma Senhora Adriana Borges,

As suas qualificações são impressionantes. Infelizmente, de momento não estamos a contratar caixas para o banco.

- ELOGIO
- REJEIÇÃO

Como deve saber, atravessámos recentemente uma grande expansão. Contudo, preenchemos todas as vagas para caixas e não prevemos qualquer mudança na equipa no futuro próximo. Vamos, contudo, manter a sua candidatura em arquivo durante um ano para o caso de aparecer alguma coisa.

- MOTIVO DA REJEIÇÃO
- SERVIÇO ACRESCENTADO

Muito obrigado pelo seu interesse no Banco do Nordeste. Se tiver alguma questão, por favor ligue-me.

- AGRADECIMENTO

Atentamente,

Assinatura

Saul Caldeira
Director Recursos Humanos

Rejeição de uma candidatura solicitada

Esta carta é utilizada para informar um candidato que a vaga para a qual se candidatou foi oferecida a outra pessoa.

CARTA 114

Jipes S.A.
Estrada Nacional 5 • 2950-298 Palmela

25 de Janeiro de 20XX

Eng. Iuri Castro
Largo 1.º de Dezembro, 8
2700-248 Amadora

Ex.mo Senhor Eng. Iuri Castro,

Muito obrigada por se candidatar à Jipes, S.A. Lamento que não possamos oferecer-lhe a posição de engenheiro electrotécnico para a qual foi recentemente entrevistado.

Seleccionámos outra pessoa que tem o tipo de experiência que sentimos que é necessário para o cargo. Gostei de o entrevistar e espero que seja bem sucedido na sua procura de emprego no futuro próximo.

Se tiver qualquer questão, por favor ligue-me.

Atentamente,

Assinatura

Ana Santarém
Directora de Pessoal

- AGRADECIMENTO
- REJEIÇÃO

- MOTIVO PARA A REJEIÇÃO
- OPTIMISMO

- INFORMAÇÃO PARA CONTACTO

Convite para uma entrevista

Organize os pormenores para uma entrevista de forma a que o acesso visual seja fácil e rápido. Esta carta pode estabelecer o tom para a entrevista.

CARTA 115

VECTOR MULTIMÉDIA
Rua do Campanário, 19 • 7750-336 Mértola

5 de Março de 20XX

Dr. Vasco Falcão
Rua da Câmara Municipal, 43
7750-302 Mértola

Ex.mo Senhor Dr. Vasco Falcão,

Muito obrigada pela sua candidatura à posição de Director de Comunicações. Estamos satisfeitos por convidá-lo a ser entrevistado para o cargo. A sua entrevista foi marcada como se segue:

Data:	17 de Março de 20XX
Hora:	11h15
Local:	Sala de Conferências A
	Segundo andar (Nordeste)
	Edifício Industrial
	Rua do Campanário, 19
	7750-336 Mértola
Estacionamento:	Parque subterrâneo na Rua do Campanário

Deverá reunir com a comissão durante 30 a 45 minutos. Se tiver alguma questão, por favor ligue-me para o tel. --- --- ---.

Mais uma vez, obrigada pelo seu interesse no cargo.

Atentamente,

Assinatura

Roberta Figueira
Directora Interina de Programas

- AGRADECIMENTO

- PEDIDO

- PORMENORES

- EXPECTATIVAS
- INFORMAÇÕES PARA CONTACTO
- AGRADECIMENTO

Ofertas de emprego

Estas cartas são utilizadas para oferecer uma posição a um potencial colaborador e devem ser encaradas como um contrato legal. Seja claro que a oferta é formal e oficial. Deve abordar todas as informações essenciais de que o potencial colaborador precisa para tomar uma decisão. Pode fazer uma oferta informal por telefone e depois enviar imediatamente uma carta formal. Assegure-se de que faz o potencial colaborador sentir-se bem-vindo.

As especificidades da oferta de emprego seguem em anexo; a carta é alegre e cordial.

CARTA 116

Jipes S.A.
Estrada Nacional 5 • 2950-298 Palmela

25 de Janeiro de 20XX

Eng. Manuel Garcia
Largo 5 Outubro
2745-208 Queluz

Ex.mo Senhor Eng. Manuel Garcia,

É com prazer que lhe ofereço uma posição na Jipes, S.A. como engenheiro electrotécnico.

- **Oferta de emprego**

A remuneração é de 1500 euros mensais, com direito a subsídio de férias e de Natal. Este cargo representa um acordo por dois anos, após os quais pode ser renegociado. Qualquer das partes pode denunciá-lo de acordo com a legislação em vigor.

- **Descrição do cargo**

Estamos muito contentes por lhe oferecer o cargo e temos a certeza de que será uma excelente aquisição para a nossa empresa. Se tiver alguma questão, por favor ligue-me em qualquer altura.

Atentamente,

Assinatura

Ana Santarém
Directora de Pessoal

- **Boas-vindas**

CARTA 117

Poder Omega
Apartado 666 • 2750-659 Cascais

2 de Março de 20XX

Dr. Alberto Lagos
Rua da Estação, 12
2750-642 Cascais

Ex.mo Senhor Dr. Alberto Lagos,

É com prazer que lhe ofereço o cargo de Director de Relações Públicas na Poder Omega. Todos apreciamos o seu *background* e experiência no sector das relações públicas, bem como o seu interesse em organizar o departamento de relações públicas na Poder Omega. A escolha do Dr. Alberto efectuada pela comissão e pela administração irá melhorar a excelente equipa profissional que estabelece a direcção da Poder Omega.

- **Oferta de emprego**
- **Elogio**
- **Pormenores**

Envio em anexo a esta carta as questões que discutimos na nossa última reunião, a 23 de Fevereiro: as condições de emprego e os seus benefícios como elemento da nossa equipa. Também acrescentei informações específicas, brochuras, etc., de cada um dos nossos seguros médicos, para poder avaliar as suas opções de seguros.

- **Anexos**

Dr. Alberto, estou pessoalmente muito satisfeito por as nossas conversas terem acabado de uma forma tão positiva – para ambos. Encontro-me consigo no meu escritório às 08h30 de terça-feira, 21 de Março, para ter a certeza de que damos uma volta para conhecer toda a gente.

- **Optimismo**
- **Informação de contacto**

Atentamente,

Assinatura

Ricardo Pinheiro
Presidente

Esta carta confirma o emprego do leitor e a escolha de candidatos do remetente.

Novo colaborador

Esta carta dá as boas-vindas a um novo colaborador de uma empresa.

CARTA 118

Abrigo Comunitário
Apartado 1124 • 1250-200 Lisboa

15 de Setembro de 20XX

Vasco Rios
Rua D. Pedro III, 90
1200-333 Lisboa

Caro Vasco,

Estamos contentes por a sua experiência e qualificações se adequarem às nossas necessidades para um angariador de fundos e coordenador de programa. O seu entusiasmo convenceu a comissão de entrevista de que é a escolha apropriada para o Abrigo Comunitário.

A sua ideia de acrescentar questionários de acompanhamento para os novos membros é uma ideia dinâmica. Esse esforço irá trazer muitas melhorias para o nosso serviço a quem sofre violência doméstica. Ao mesmo tempo, as questões irão aumentar a consciência das escolhas pessoais nos nossos membros que vivem com violência.

O horário de transição e formação para a sua primeira semana no Abrigo Comunitário segue em anexo. Por favor leia-o até segunda-feira às 07h30.

Se houver algo que eu possa fazer para facilitar a sua transição, por favor diga-me. O meu número de *voice mail* é o 64. Irei contactá-lo mais tarde para saber como correu o primeiro dia.

Bem-vindo à nossa equipa!

Atentamente,

Assinatura

Ana Bandeira
Directora Executiva

- OFERTA DE EMPREGO
- ELOGIO

- CONTRIBUTO

- ANEXO

- INFORMAÇÕES PARA CONTACTO

- BOAS-VINDAS

CARTA 119

Tesouras Dentadas, Lda.
Rua Alves, 70 • 4100-429 Porto

6 de Maio de 20XX

Dra. Laurinda Simões
Rua Papa João Paulo I, 48
4200-162 Porto

Ex.ma Senhora Dra. Laurinda Simões,

É com prazer que lhe dou as boas-vindas à Tesouras Dentadas, Lda. Estamos ansiosos pela sua chegada a 21 de Maio.

Nós na Tesouras temos muito orgulho na nossa linha completa de tesouras dentadas e sabemos que terá no seu trabalho o mesmo orgulho que nós temos no nosso. O seu papel como Directora de Vendas será importante. Sabemos que os seus estudos e experiência irão trazer à Tesouras o impulso necessário.

Mais uma vez, bem-vinda à Tesouras. Se houver alguma forma de a ajudar a fazer a transição, não hesite em dizer-me.

Atentamente,

Assinatura

Arlindo Viegas
Presidente

- PRIMEIRAS BOAS-VINDAS

- COMENTÁRIOS GERAIS

- CARGO ESPECÍFICO

- SEGUNDAS BOAS-VINDAS

CARTAS SOBRE MUDANÇAS DE EMPREGO 115

Promoção — Felicitações

Esta carta felicita um colaborador ou parceiro de negócios pela sua promoção.

Anunciar uma promoção — Pessoal

Esta carta anuncia a um colaborador a sua promoção.

CARTA 120

Dentrex
Rua Fernando Pessoa, 58 • 2460-032 Alcobaça

8 de Agosto de 20XX

Carla Goulart
Rua do Relógio, 44
2460-071 Alcobaça

Cara Carla,

Gostaria de a felicitar pela recente promoção a Supervisora de Instalações. Deve estar orgulhosa do que alcançou.

Dado o seu esforço e dedicação, esta promoção é totalmente merecida. Colaboradores como a Carla ajudam a Dentrex a manter-se à frente da concorrência e a liderar a área do equipamento dentário. Os seus esforços são reconhecidos.

Parabéns mais uma vez. Bem-vinda à equipa de gestão da Dentrex.

Saudações cordiais,

Assinatura

Carlos Gentil
Presidente

- PRIMEIRAS FELICITAÇÕES
- DECLARAÇÃO GERAL (OPCIONAL)
- SEGUNDAS FELICITAÇÕES

CARTA 121

Cadernos às Riscas
Largo de São Pedro, 32 • 3300-014 Arganil

1 de Agosto de 20XX

Edmundo Belchior
Rua Almeida Garrett, 40
3300-053 Arganil

Ex.mo Senhor Edmundo Belchior,

Temos o prazer de lhe oferecer a promoção para Director responsável pela área das vendas.

A Cadernos às Riscas está a promovê-lo devido ao seu notável e infatigável compromisso para com o trabalho. A Cadernos às Riscas cresceu substancialmente devido aos seus esforços.

Por favor vá ter com o Miguel Norte na segunda-feira. Ele irá mostrar-lhe o seu novo escritório e dar início à sua orientação.

Parabéns. Temos orgulho em tê-lo associado à nossa empresa.

Atentamente,

Assinatura

Susana Jesus
Presidente

- ANÚNCIO
- MOTIVO
- INSTRUÇÕES
- FELICITAÇÕES

Anunciar uma promoção — Internamente

Este memorando anuncia uma promoção de um colaborador aos outros elementos da empresa. Em certas circunstâncias, também se poderá usar uma carta.

CARTA 122

MEMORANDO

Data: 5 de Agosto de 20XX
Para: Todos os Colaboradores
De: Susana Jesus, Presidente
Re: Promoção para Director/Vendas

Temos o prazer de anunciar a promoção de Edmundo Belchior para Director responsável pela área das vendas.

• Anúncio

Nos últimos 12 meses, o Sr. Edmundo Belchior forneceu de uma forma consistente um serviço notável aos seus clientes, trouxe várias contas novas e demonstrou uma notável liderança nas vendas. A Cadernos às Riscas cresceu substancialmente devido ao trabalho do Sr. Edmundo Belchior. Irá assumir a nova posição a 10 de Agosto e ficará a trabalhar na sala 25.

• Motivo

Tal como eu, felicitem o Sr. Edmundo Belchior pelo seu novo cargo.

• Felicitações

Aceitação de demissão

Aceite sempre uma demissão com dignidade. Permita que a carta mostre o seu investimento pessoal no relacionamento. Esta carta mostra que existe uma amizade. Se não for o caso, omita os comentários pessoais.

CARTA 123

Olga Lemos, Enfermeira-Chefe
Hospital Universitário
Av. dos Caminhos-de-ferro
1100-139 Lisboa

12 de Maio de 20XX

Sandra Medeiros, Enfermeira
Hospital Universitário
Av. dos Caminhos-de-ferro
1100-139 Lisboa

Cara Sandra,

Lamentamos que tenha de se ir embora e relutantemente aceitamos a sua demissão como enfermeira, com efeitos a 1 de Junho de 20XX. Compreendemos, contudo, que preocupações médicas pessoais exijam a sua atenção agora.

• Lamento
• Aceitação
• Motivo

As suas contribuições para o Hospital Universitário irão permanecer depois da sua partida: melhor documentação, melhor serviço aos doentes e melhoria do moral da equipa. Obrigada pelo seu esforço em todos os aspectos do seu trabalho. A sua dedicação a nós revela-se na sua vontade de ajudar a formar a sua substituta. Podemos sempre contar consigo.

• Contributos

• Agradecimento

Desejamos-lhe as rápidas melhoras. Iremos sentir a sua falta. Por favor mantenha o contacto.

• Optimismo
• Nota pessoal

Atentamente,

Assinatura

Antónia

CARTAS SOBRE MUDANÇAS DE EMPREGO · 117

Recomendar um aumento

Esta carta recomenda um aumento antes da permanência de um ano na empresa. Inclui as razões que sustentam o pedido.

CARTA 124

Revolta das Máquinas
Praça do Douro, 91
4250-204 Porto

6 de Outubro de 20XX

Aníbal Campelo, Presidente
Revolta das Máquinas
Praça do Douro, 91
4250-204 Porto

Caro Aníbal,

Recomendo que ofereça a Matias Cerqueira, um *designer* da nossa secção de planeamento da cidade, um aumento de 100 euros por mês, com efeitos a partir de 1 de Novembro. Isto aumentaria o salário mensal para 1000 euros.

• RECOMENDAÇÃO

Estou muito satisfeita com a qualidade do trabalho que produz e com o seu compromisso para com a Revolta das Máquinas. É um colaborador muito consciencioso, que termina as tarefas de uma forma meticulosa e dentro dos prazos. Ele tem consciência da nossa reputação de excelência na área dos mapas por computador e mantém esse grau de excelência no seu trabalho.

• MOTIVOS (ESPECÍFICOS)

Embora o Matias esteja na nossa empresa há apenas seis meses, recomendo que o seu salário seja aumentado e que a revisão do seu salário anual tenha lugar daqui a um ano. Tem sido um grande activo para a Revolta das Máquinas e deve ser recompensado pelo seu trabalho notável.

• RECOMENDAÇÃO
• MOTIVO

Atentamente,

Assinatura

Cíntia Cordeiro

Rejeição de negócios não solicitados

Esta carta retira validade a orçamentos que já foram dados.

CARTA 125

SEGURADORA DA LINHA
Rua do Casino, 12
2765-295 Estoril

10 de Maio de 20XX

Dora Farinha
Marketing de Planos de Saúde
Apartado 1051
1350-353 Lisboa

Cara Dora,

Conforme falámos hoje, a Seguradora da Linha está a invalidar o orçamento que enviei para este caso. Ao revermos as informações que foram fornecidas, sentimos que não seria um bom negócio para a Seguradora.

• APRESENTAÇÃO DO MOTIVO

Lamento que a resposta não seja favorável, mas aguardo com expectativa trabalhar consigo noutra ocasião.

• OPTIMISMO

Atentamente,

Assinatura

Helena Fonseca
Supervisora

Carta de instruções

Ao dar instruções, esta carta descreve claramente o que é necessário
– bem como o que é desnecessário.

CARTA 126

Seguros Sem Risco
Apartado 245 • 8005-177 Faro

16 de Março de 20XX

Tiago Laranjeira
Apartado 9822
8125-410 Quarteira

Caro Tiago,

Esta carta serve para confirmar a nossa conversa telefónica sobre
o relatório e actualização dos pedidos. Como disse na quarta-feira,
estou a receber demasiados papéis. Não quero relatórios de hos-
pitais, notas manuscritas de médicos, nem cópias de apelos de
outros que não o queixoso.

• MOTIVO

Preciso do seguinte:

• INSTRUÇÕES

1. Um primeiro relatório completo
2. O seu relatório sobre o pedido
3. A análise inicial do advogado de defesa sobre responsabilidades e montantes
4. O relatório médico mais actual que melhor descreve o histórico, diagnóstico e prognóstico do queixoso

Além disso, se a avaliação do advogado de defesa mudar, tenho
de receber também a notificação.

Se precisar de outras informações, será da minha responsabilidade pedi-las. Espero que esta carta sirva para clarificar o que
preciso exactamente em relação aos relatórios de seguros.

• OPTIMISMO

Obrigado pela sua cooperação.

Atentamente,

Assinatura

Artur Marques
Secretário Assistente

Pedido de informação

Esta carta solicita informações.

CARTA 127

Consultores de Engenharia
2775-208 Parede

10 de Maio de 20XX

Ricardo Sacadura
Retiro da Primavera
8600-701 Lagos

Ex.mo Senhor Ricardo Sacadura,

A Consultores de Engenharia está interessada em organizar a sua
reunião anual de colaboradores em Lagos, no fim-de-semana de
10 de Outubro de 20XX.

• MOTIVO

Estamos a planear a presença de 12 elementos da equipa, que
chegariam a tempo do jantar de sexta-feira, 9 de Outubro. Precisamos de um pequeno-almoço bufete para sábado e domingo, 10
e 11 de Outubro, e de um almoço bufete e um jantar sentado no
sábado. Cada refeição teria a presença de 25 pessoas. A sala de
reuniões para sábado deve acomodar 12-15 pessoas.

• PORMENORES

Agradecia-lhe que enviasse ao meu cuidado para a morada acima
a informação dos preços para 12 quartos duplos, refeições e sala
de reuniões com projector, ecrã e quadro. Também gostaria de
receber informações sobre as atracções turísticas de Lagos.

• PEDIDO

Atentamente,

Assinatura

Mariano Pires
Presidente

Confirmação para orador

Esta carta confirma com um orador termos que foram discutidos anteriormente.

CARTA 128

Revisões Ilimitadas
Apartado 245 • 7000-614 Évora

Dr. Leonardo Chaves
Apartado 1234
7630-121 Odemira

Ex.mo Senhor Dr. Leonardo Chaves,

Muito obrigada por ter concordado discursar na nossa reunião de Abril de Revisores Profissionais. Conforme falámos na terça-feira de manhã, o grupo reúne-se na terceira quinta-feira de cada mês às 18h30 no Restaurante Ocidental. Espero que possa juntar-se ao grupo para jantar antes de discursar às 19h30.

• PORMENORES (ESPECÍFICOS)

Estamos ansiosos que partilhe algumas das dicas e técnicas que usa, bem como responder a algumas questões sobre gramática.

• INFORMAÇÕES (GERAIS)

Haverá um projector e ecrã como pediu. Por favor calcule falar cerca de 30 minutos e depois permita 15 a 20 minutos mais para responder a questões do grupo.

• PORMENORES (ESPECÍFICOS)

Se tiver alguma questão ou precisar de mais informações, por favor ligue-me para o tel. --- --- ---.

• INFORMAÇÕES PARA CONTACTO

Atentamente,

Assinatura

Leonor Miranda
Coordenadora de Programa

Dar informações

Este memorando informa os colaboradores de uma mudança no plano de seguro de saúde da empresa e fornece informações e um contacto para esclarecimentos.

CARTA 129

MEMORANDO

Data: 18 de Setembro de 20XX
Para: Todos os Colaboradores
De: Mariana Nóbrega, Directora de Escritório

Re: Alteração do Seguro de Saúde

A partir de 1 de Outubro, a Seguros de Primeira será o fornecedor de seguros de saúde para os nossos colaboradores.

• INFORMAÇÕES

Apesar de ocorrerem poucas alterações em resultado da mudança de cobertura de seguro de saúde, deve saber que a Seguros de Primeira designa certos profissionais médicos como "fornecedores preferenciais". Estes indivíduos concordaram em aceitar taxas pré-determinadas para alguns serviços. Embora os nossos colaboradores sejam livres de escolher o seu fornecedor de seguros de saúde, as taxas serão geralmente mais baixas quando se usa os fornecedores preferenciais. Isto irá resultar em custos mais baixos para si em serviços não cobertos pela nossa política ou realizados antes de serem efectuadas as deduções individuais.

• PORMENORES

Serão distribuídas informações pormenorizadas sobre os seguros a todos os colaboradores quando a nossa nova política entrar em vigor a 1 de Outubro. Entretanto, se tiver questões em relação a esta mudança, por favor contacte-me para a extensão 432.

• INFORMAÇÕES PARA CONTACTO

Terminar relacionamentos de negócios

Esta carta expressa apreço pelo bom trabalho, mas ao mesmo tempo informa o leitor de que o trabalho está a terminar.

Esta é uma carta de seguimento para um cliente que cancelou um trabalho. Ajuda a manter o relacionamento e prepara o terreno para mais trabalhos no futuro.

CARTA 130

Comércio do Vale
Apartado 5310
2400-146 Leiria

1 de Junho de 20XX

Joana Machado
Escrita Criativa
Apartado 864
2510-018 Óbidos

Cara Joana,

Segue em anexo um resumo das avaliações do *workshop* da equipa. Estamos muito satisfeitos com os resultados e sentimos que correspondeu extremamente bem às nossas expectativas. Muito obrigada por ter elaborado o curso com os nossos materiais, de forma a satisfazer os nossos objectivos. — • Agradecimento

Mesmo com todas as reacções positivas, não temos disponível o capital necessário para agendar outros *workshops* consigo. Esperamos que para o ano seja diferente e que as duas possamos planear mais *workshops* de desenvolvimento de competências para os assistentes. — • Notícia negativa • Opção futura

Mais uma vez, foi um prazer trabalhar consigo. Envio em anexo uma referência "a quem interessar" que mostra como valorizamos o seu trabalho. — • Optimismo

Atentamente,

Assinatura

Beatriz Salgado
Supervisora, Serviços de Compra

CARTA 131

Gerir o seu tempo — para si! Workshops

Edifício Plaza
Apartado 5130
4150-484 Porto

31 de Maio de 20XX

Vanessa Peres
Formação e Desenvolvimento
Armazéns Portuenses
Apartado 312
4150-430 Porto

Cara Vanessa,

Muito obrigada por me informar com tanta antecedência que não irá agendar outros *workshops* na "Gerir o seu tempo — para Si!" — • Agradecimento • Optimismo

Apreciei o meu trabalho com os grupos dos Armazéns Portuenses e sinto que os *workshops* foram produtivos para a sua equipa. Talvez haja uma oportunidade no futuro de planear um *workshop* consigo noutro aspecto de desenvolvimento de competências: técnicas ao telefone, ser organizado ou apresentação oral. Ligo-lhe no próximo trimestre. — • Comentários gerais • Seguimento específico

Entretanto, tudo do melhor para si e para a Susana. Mais uma vez, muito obrigada! — • Nota pessoal • Agradecimento

Atentamente,

Assinatura

Maria de Lurdes Passos

CARTAS SOBRE MUDANÇAS DE EMPREGO **121**

Rejeitar um pedido

Esta carta rejeita um pedido, mas começa e acaba com uma nota positiva.

CARTA 132

Material e Equipamentos, Lda.
Rua Prof. Fernando Pascoal, 65
4560-494 Penafiel

25 de Fevereiro de 20XX

Jorge Ferreira
Distrito IV da Material e Equipamentos, Lda.
Apartado 6425
7800-030 Beja

Jorge,

Obrigado pelo bom trabalho que fez ao preparar o orçamento do seu distrito para 20XX. Forneceu todas as informações de que eu precisava para tomar decisões em relação aos equipamentos que serão substituídos este ano.

• AGRADECIMENTO

Concordo consigo que três quartos de todo o seu equipamento de estrada devem ser substituídos. Contudo, não o podemos fazer este ano; o máximo que posso prometer é uma nova misturadora e um novo distribuidor.

• ACORDO
• NOTÍCIA NEGATIVA

Esperemos que no próximo ano a empresa possa substituir mais equipamentos. O orçamento deve ser semelhante. Diga-me se puder fazer alguma coisa para o ajudar a manter o seu equipamento a funcionar de forma eficiente durante mais um ano.

• OPÇÃO
• OPTIMISMO

João Barroso

Apresentar um novo colaborador

Esta carta apresenta um novo elemento da equipa a todo o departamento.

CARTA 133

MEMORANDO

PARA: Pessoal do Departamento
DE: Vera

Por favor dêem as boas-vindas a Susana Marques ao departamento de *marketing* da ABC. A Susana vai começar a trabalhar connosco a 14 de Abril, como assistente do Nuno Castanheira – substituindo a Maria João Resende.

• OBJECTIVO
• PORMENORES

A Susana está na ABC há três anos, cumprimentando todos atrás do balcão de recepção na entrada. Por favor ajudem a Susana respondendo a qualquer questão que ela possa ter sobre o trabalho no nosso departamento.

• PEDIDO

Vera T.

Checklist:

- ☐ Utilizou um tom positivo?
- ☐ A carta especifica as condições da função?
- ☐ A carta pede informações específicas?
- ☐ Fez um resumo, agradeceu ou reafirmou na última parte da carta?
- ☐ Se recebesse a carta, saberia o que fazer?
- ☐ A carta mostra respeito pela confidencialidade?
- ☐ A carta é pessoal e amável?

Capítulo 11
CARTAS SOBRE O RELACIONAMENTO COM OS CLIENTES

As cartas que melhoram ou mantêm os bons relacionamentos com os clientes vendem a imagem de uma empresa. As categorias mais alargadas são as seguintes:

- Apreço geral.
- Confirmar a recepção de uma reclamação.
- Seguimento de uma reclamação.
- Reconquistar a confiança de um cliente.
- Confirmar a recepção de uma reclamação — negar responsabilidade.
- Confirmar a recepção de uma reclamação — explicar um mal-entendido.
- Corrigir um erro.
- Pedido de desculpas geral.
- Confirmar a recepção de uma encomenda — encomenda em espera.
- Confirmar a recepção de uma encomenda — explicar procedimentos de envio.
- Pedir desculpas pela acção de um colaborador.
- Informar clientes sobre uma mudança.
- Votos de Boas Festas.
- Aviso de reclamações.

Na margem de cada página, irá encontrar uma breve explicação de cada parte da carta. A primeira identifica cada uma delas. As cartas seguintes indicam apenas as alterações ao formato básico.

Guia passo a passo

Estas cartas são concebidas para melhorar ou manter os relacionamentos com os clientes. Deve lembrar-se da máxima de que o cliente tem sempre razão quando escrever estas cartas. Por vezes, pode ter de deixar o cliente pensar que tem razão enquanto mostra que está errado!

Passo 1: A primeira parte da carta declara o seu objectivo. Pode ser qualquer coisa, desde confirmar a recepção de uma reclamação a avisar um cliente de uma mudança.

Passo 2: A segunda parte da carta explica o objectivo. Se a primeira parte confirma a recepção de uma reclamação, então a segunda explica o que irá fazer em relação a essa questão. Se a primeira parte anuncia uma nova morada aos clientes preferenciais, então a segunda parte fornece os pormenores sobre as conveniências da nova localização.

Passo 3: A última parte é o "açúcar" que irá deixar um sabor doce na boca do cliente. Faz um resumo da carta, agradece ao cliente e reitera o valor do cliente para a sua organização.

Nota: Encontra-se no final deste capítulo uma *checklist* para utilizar quando escrever uma carta sobre o relacionamento com clientes.

Apreço geral

Esta carta é utilizada para mostrar apreço pelos seus clientes. Pode ser utilizada como uma carta sobre vendas e promoções ou um agradecimento pela preferência.

CARTA 134

Confecções Zebra
Avenida D. Pedro IV, 87 • 4100-187 Porto

12 de Outubro de 20XX

Rosário Frade
Rua Serpa Pinto, 43
4590-577 Paços de Ferreira

Ex.ma Senhora Rosário Frade,

Em nome da Confecções Zebra, queremos expressar o nosso sincero agradecimento pela sua preferência. É devido a clientes valiosos como a senhora que conseguimos continuar a oferecer--lhe o melhor nas confecções.

As Confecções Zebra existem há 75 anos. Dedicamo-nos a levar--lhe o melhor das confecções, especialmente as de materiais totalmente naturais. O Sr. Esteves, o nosso pai e fundador, adorava dizer que "O cliente quer o melhor ao mais baixo preço" e usamos este mote como nosso princípio orientador.

Venha visitar-nos em breve. As nossas novas colecções de Primavera estarão disponíveis no *showroom* a 15 de Março. Se trouxer esta carta consigo, dar-lhe-emos um desconto de 15 por cento em qualquer confecção que adquira em Março.

Atentamente,

Assinatura

Luís Esteves
Presidente

- CABEÇALHO
- DATA
- MORADA DO RECEPTOR
- SAUDAÇÃO
- INDICAÇÃO DO OBJECTIVO
- ELOGIO
- PORMENORIZAÇÃO
- RESUMO
- BENEFÍCIOS
- SAUDAÇÃO FINAL
- ASSINATURA
- NOME DACTILOGRAFADO

Confirmar a recepção de uma reclamação

Esta carta é utilizada para confirmar a recepção de uma reclamação e oferecer uma solução para o problema.

CARTA 135

Estúdio de Dança Sapatos de Cristal
Rua do Teatro Municipal, 56 • 1300-501 Lisboa

2 de Setembro de 20XX

Jorge Figueiredo
Avenida Cristóvão Colombo, 9
1200-333 Lisboa

Ex.mo Senhor Jorge Figueiredo,

Muito obrigada pela sua carta de 30 de Agosto sobre a nossa política relativa ao pagamento de aulas não frequentadas.

Solicitei à nossa proprietária, Vera Campos, um esclarecimento. No passado, a nossa política era de que as aulas não frequentadas teriam de ser pagas. Contudo, dadas as circunstâncias, informou-me que o senhor não teria de pagar as aulas que a sua filha perdeu por causa do infeliz acidente que sofreu a caminho da aula.

Esperamos que seja uma solução satisfatória para si e desejamos à sua filha, Rita, uma rápida recuperação. Vamos suspender a sua conta até que a Rita esteja preparada para regressar às aulas de sapateado. Agradecemos mais uma vez a sua preocupação.

Saudações cordiais,

Assinatura

Beatriz Magalhães
Gestora

- CONFIRMAÇÃO DE RECEPÇÃO DE UMA RECLAMAÇÃO
- SOLUÇÃO
- RESUMO
- AGRADECIMENTO

Seguimento de uma reclamação

Quando uma reclamação tiver sido registada e a sua empresa já a tiver resolvido, envie uma carta de seguimento como um esforço extra para melhorar a sua reputação de prestador de um bom serviço. Aqui está um exemplo:

CARTA 136

Editora Douro
Rua da Foz do Douro, 33
4100-429 Porto

21 de Maio de 20XX

João Cartaxo
Rua da Estrela, 76
4150-365 Porto

Ex.mo Senhor João Cartaxo,

O nosso objectivo é entregar as suas encomendas correctamente cem por cento das vezes. Contudo, quando nós falhamos e os erros acontecem, é frustrante para todos.

Lamento que tenha tido um problema com a sua recente encomenda e espero que a situação tenha sido resolvida a seu contento. Se houver mais alguma coisa que possamos fazer, por favor ligue-nos para o número gratuito --- --- --- de segunda a sexta-feira, das 07h00 às 16h00.

Muito obrigada pela sua paciência e compreensão.

Atentamente,

Assinatura

Catarina Andrade
Gestora de Serviço aos Clientes

- OBJECTIVO
- RECONHECIMENTO DO ERRO
- PEDIDO DE DESCULPAS
- OPTIMISMO
- OFERTA DE AJUDA
- INFORMAÇÕES PARA CONTACTO
- AGRADECIMENTO

Reconquistar a confiança de um cliente

A chave para reconquistar a confiança de um cliente é responder prontamente a uma reclamação, quer o problema já tenha sido resolvido ou não. Mantenha sempre o profissionalismo quando se refere à responsabilidade pelo problema – nunca atribua culpas individuais. Em vez disso, revele uma acção positiva que tenha sido tomada para evitar futuros problemas.

Comece por identificar o problema específico. Relate o que será ou está a ser feito para corrigir o problema. Então, assegure ao cliente que o seu negócio é apreciado e ainda está interessado em manter o relacionamento.

CARTA 137

Medicina Moderna
Rua 1.º de Dezembro, 1 • 3030-062 Coimbra

23 de Novembro de 20XX

Dra. Carla Marinho
Rua da Sé, 54
3030-181 Coimbra

Ex.ma Senhora Dra. Carla Marinho,

Por favor aceite as nossas mais sinceras desculpas pela recente confusão com o envio de espátulas orais. Posso garantir-lhe que já foram tomadas medidas para remediar o problema no nosso armazém.

Como prova da nossa boa fé, deduzimos 15 por cento à sua conta. Esperamos que isto ajude a compensar qualquer inconveniente que o problema tenha causado. Devido a esta infeliz situação, descobrimos alguns erros no nosso departamento de envio. Consequentemente, contratámos um novo colaborador para dirigir o departamento. Estamos confiantes de que ele irá manter tudo sem problemas para si e para todos os nossos clientes. Muito obrigado por nos ter chamado a atenção para o erro.

Esperamos que esta seja uma solução satisfatória. A sua encomenda correcta de espátulas orais deve chegar em breve, dado que foi enviada a 22 de Novembro.

Saudações cordiais,

Assinatura

Gustavo Maia
Gestor de Clientes

- DECLARAÇÃO DO OBJECTIVO
- RECONQUISTAR A CONFIANÇA
- RESULTADO
- AGRADECIMENTO
- RESUMO DA ENCOMENDA
- INFORMAÇÕES

CARTAS SOBRE O RELACIONAMENTO COM OS CLIENTES   **127**

Confirmar a recepção de uma reclamação — negar responsabilidade

Esta carta confirma a recepção da reclamação de um cliente, de modo a manter um bom relacionamento. Mas refere ao cliente outro responsável pelo problema.

CARTA 138

Alimentação para Eles
Rua do Clérigo, 54 • 3500-208 Viseu

30 de Março de 20XX

Sandra Machado
Patas e Caudas
Apartado 8900
6270-517 Seia

Ex.ma Senhora Sandra Machado,

Muito obrigada por nos chamar a atenção para o problema das entregas tardias. Tenho a certeza de que devem ser exasperantes.

Por muito que a queiramos ajudar, o problema reside na empresa de transportes. Contactámo-los em relação às entregas tardias e estamos a rever a utilização da Transportes Terrestres como nossa transportadora. De momento não temos contrato com eles, mas vamos solicitar um para termos poder nestas questões.

Peço desculpa por não a poder ajudar mais do que isto, mas posso garantir que estamos a tentar resolver a situação o mais rapidamente possível. Infelizmente, uma solução imediata está dependente da Transportes Terrestres. Agradeço mais uma vez a sua compreensão.

Saudações cordiais,

Assinatura

Lúcia Malheiro
Gestora de Clientes

- CONFIRMAÇÃO DA RECEPÇÃO DE UMA RECLAMAÇÃO
- NEGAÇÃO DA RESPONSABILIDADE
- ACÇÃO TOMADA
- RESULTADO
- SUGESTÃO
- PEDIDO DE DESCULPAS
- AGRADECIMENTO

Confirmar a recepção de uma reclamação — explicar um mal-entendido

Confirma a recepção da reclamação de um cliente para que possa manter boas relações, explicando um mal-entendido entre o cliente e a empresa.

CARTA 139

RTM, Lda.
Apartado 2089 • 5370-210 Mirandela

16 de Janeiro de 20XX

Paulo Rebelo
Distribuidores Engarrafados
Rua da Esperança, 32
5370-528 Mirandela

Ex.mo Senhor Paulo Rebelo,

Agradeço que me tenha chamado a atenção para o problema da nossa Cerveja Mirandesa e para o folheto de apresentação. Percebo perfeitamente a sua confusão.

Quando lhe enviámos a carta a apresentar a nossa cerveja, o nosso departamento de *marketing* enviou erradamente um modelo de um anúncio da Cerveja Bragantina. Naturalmente, ficou confundido porque nos estávamos a referir à águia azul na Cerveja Mirandesa enquanto lhe mostrávamos o rótulo da águia careca da Cerveja Bragantina. Pedimos muitas desculpas por este erro e anexamos o folheto correcto.

Espero que esta carta e o folheto correcto em anexo resolvam este infeliz mal-entendido. Agradeço mais uma vez que me tenha chamado a atenção para o facto.

Atentamente,

Assinatura

Rui Eduardo Raposo
Director de Relações Públicas

- CONFIRMAÇÃO DA RECEPÇÃO DE UMA RECLAMAÇÃO
- EXPLICAR MAL-ENTENDIDO
- PEDIDO DE DESCULPAS
- AGRADECIMENTO

Corrigir um erro

Corrigir um erro detectado pelo cliente ou pela empresa.

CARTA 140

União de Crédito
Avenida Atlântico, 52 • 9700-144 Angra do Heroísmo

24 de Abril de 20XX

João e Ana Bettencourt
Rua da Base, 21
9760-251 Lajes

Ex.mos Senhores,

Após a nossa recente auditoria, descobrimos uma falha de depósitos no montante de 53,23 euros em juros.

O erro ocorreu em Março na transferência de fundos da vossa conta a prazo para a conta à ordem. Corrigimos a vossa conta à ordem e creditámos 53,23 euros.

Espero que seja satisfatório e peço desculpa por qualquer confusão que este erro tenha causado. Muito obrigada pela vossa fidelidade.

Atentamente,

Assinatura

Madalena Cardoso
Departamento de Contabilidade

- DECLARAÇÃO DO ERRO
- EXPLICAÇÃO
- CORRECÇÃO
- PEDIDO DE DESCULPAS
- AGRADECIMENTO

Pedido de desculpas

Esta carta é usada para pedir desculpa aos clientes.

CARTA 141

Hipermercados Centrais
Rua dos Combatentes da Grande Guerra, 35 • 2655-288 Ericeira

22 de Julho de 20XX

Pedro Lemos
Estrada Nacional 2
2655-255 Ericeira

Ex.mo Senhor Pedro Lemos,

Gostaríamos de lhe apresentar as nossas mais sinceras desculpas e pedir a sua compreensão.

A nossa recente brochura de saldos anunciava promessas que não podemos manter. Nem todos os produtos das Promoções de Verão tinham desconto de 50 por cento. A gráfica inadvertidamente deixou de fora a importante palavra "seleccionados". Por causa deste erro gritante, decidimos adiar a nossa promoção e marcá-la para outra data. Ao adiarmos a promoção, podemos oferecer-lhe oportunidades ainda melhores do que tínhamos inicialmente planeado.

Muito obrigado pela sua compreensão nesta situação embaraçosa.

Atentamente,

Assinatura

Nuno Pascoal
Presidente do Conselho de Administração

- PEDIDO DE DESCULPAS
- EXPLICAÇÃO
- DECISÃO
- BENEFÍCIOS
- AGRADECIMENTO

CARTAS SOBRE O RELACIONAMENTO COM OS CLIENTES 129

Confirmar a recepção de uma encomenda — encomenda em espera

Esta carta é utilizada para confirmar que a encomenda de um cliente foi recebida mas está em espera, originando um atraso.

CARTA 142

Porcas e Parafusos
Apartado 3445 • 4970-483 Arcos de Valdevez

3 de Junho de 20XX

Manuel Catarino, Compras
Distribuidores Almeida
Apartado 1078
7370-098 Campo Maior

Ex.mo Senhor Manuel Catarino,

Recebemos a sua encomenda de 10 mil parafusos de dois centímetros, com o número de registo XK22345JM. Contudo, de momento não podemos satisfazê-la.

• **Confirmação da encomenda**

O nosso actual inventário foi reduzido e esse parafuso está agora em espera até meados de Julho. O nosso fornecedor de matérias-primas está impossibilitado de fornecer os materiais até 1 de Julho, adiando para meados de Julho a possível entrega. Tentámos sem sucesso encontrar uma fonte alternativa de matérias-primas. Se quiser, podemos substituir pelo que tem o número de registo XK22346JM. É um cêntimo mais caro por unidade. De outro modo, manteremos a sua encomenda e enviá-la-emos assim que pudermos começar a produzir novamente estes parafusos. Agradecíamos que nos informasse da sua decisão esta semana.

• **Explicação**

• **Alternativa** (opcional)

Muito obrigado pela sua compreensão. Pedimos desculpa por qualquer inconveniente.

• **Agradecimento**
• **Pedido de desculpas**

Atentamente,

Assinatura

José Luís Neves
Chefe de Produção

Confirmar a recepção de uma encomenda — explicar os procedimentos de envio

Explique os procedimentos de envio a um cliente, ao mesmo tempo que confirma que a encomenda foi recebida.

CARTA 143

Artesanato Bordalo Pinheiro
Estrada Nacional 2 • 2500-192 Caldas da Rainha

13 de Agosto de 20XX

Natália Pereira
Artesanato Português
Praça do Templo, 76
7000-854 Évora

Ex.ma Senhora Natália Pereira,

Muito obrigada pela sua encomenda de 25 autênticas Faianças Bordalo Pinheiro datadas de 11 de Agosto de 20XX. Vamos enviá-las imediatamente.

• **Confirmação da encomenda**

Dada a natureza frágil das peças, entregaremos em mão no Alentejo. O nosso dia de entrega em Évora é sexta-feira, o que significa que as faianças irão chegar na sexta-feira 17 de Agosto. Se a data não for satisfatória, por favor ligue-nos para encontrarmos uma data alternativa de entrega.

• **Explicação**
• **Plano de acção**
• **Plano alternativo**

Agradecemos mais uma vez a sua encomenda. Tenho a certeza de que ficará satisfeita com as nossas faianças e aguardamos com expectativa a possibilidade de voltar a trabalhar consigo no futuro.

• **Agradecimento**

Saudações cordiais,

Assinatura

Tânia Pedras

Pedir desculpas pela acção de um colaborador

Peça desculpa pela acção de um colaborador que prejudicou o relacionamento com clientes.

Abstenha-se de referir o nome do colaborador e, se possível, explique o plano alternativo que escolheu para ele. A menos que haja problemas crónicos, é do melhor interesse da empresa mostrar benevolência pelos clientes e colaboradores.

CARTA 144

Loja dos Telefones
Centro Comercial do Mediterrâneo
Loja 54 • 8135-123 Almancil

3 de Novembro de 20XX

Miguel Luz
Rua do Arsenal, 65
8125-429 Quarteira

Ex.mo Senhor Miguel Luz,

Quero pedir desculpa pessoalmente pelo infeliz tratamento que recebeu de um dos nossos colaboradores na última sexta-feira. As acções para consigo foram totalmente inapropriadas.

Devido a esta situação, o colaborador foi colocado numa posição em que trabalha directamente com o inventário, tendo menos contacto com os clientes. Também gostaríamos de lhe oferecer um cheque-brinde no valor de 50 euros para adquirir produtos na nossa loja. Damos valor aos nossos clientes e esperamos que esta oferta o compense pelo embaraço causado. Estamos a aumentar a nossa formação em relacionamento com os clientes para todos os nossos colaboradores, a fim de evitar que volte a ocorrer um problema semelhante.

Muito obrigada pela sua compra e pela sua compreensão. Esperamos que seja uma solução satisfatória para o problema.

Saudações cordiais,

Assinatura

Anabela Martins

- PEDIDO DE DESCULPAS
- ACÇÃO TOMADA (OPCIONAL)
- OBJECTIVO DA SATISFAÇÃO DO CLIENTE
- RESULTADO
- AGRADECIMENTO

Informar clientes sobre uma mudança

Informe os clientes sobre uma mudança e assegure-lhes que a mudança não os irá afectar ou que será vantajosa para eles.

CARTA 145

Papéis e Agrafos
Apartado 22 • 1885-035 Moscavide

4 de Maio de 20XX

Rodrigo Barreiro
Negócios Citadinos
Rua Central, 54
1500-117 Lisboa

Ex.mo Senhor Rodrigo Barreiro,

A 1 de Julho de 20XX a Papéis e Agrafos irá mudar-se para Lisboa. Esta mudança deverá beneficiar grandemente a sua empresa.

Estamos entusiasmados com a nossa mudança para Lisboa, que o irá ajudar a receber os envios mais rapidamente. Também irá reduzir o custo de envio para a Papéis e Agrafos e podemos passar essa poupança para si. O maior mercado de trabalho lisboeta também nos permite expandir as nossas instalações e linha de produtos. Sentimos que isto irá decididamente beneficiar os nossos clientes.

Por favor queira contactar-nos se tiver alguma preocupação. A nossa nova morada em Lisboa será: Papéis e Agrafos, Rua do Concílio, 65, 1300-571 Lisboa. O nosso número gratuito será o tel. --- --- ---.

Atentamente,

Assinatura

António Barata
Presidente

- ANÚNCIO
- PORMENORIZAÇÃO
- BENEFÍCIOS
- RESUMO
- INFORMAÇÃO PARA CONTACTO

CARTAS SOBRE O RELACIONAMENTO COM OS CLIENTES **131**

Votos de Boas Festas

Esta carta é utilizada para enviar votos de Boas Festas aos seus clientes. É preferível usar papel de carta pessoal ou um postal especialmente concebido para o efeito.

Aviso de reclamações

Esta carta pede uma solução para uma reclamação de mercadoria defeituosa, mas termina com uma nota habitual para manter o contacto profissional.

CARTA 146

Barcos e Pneumáticos, Lda.
Praça da Saudade, 30 • 6000-178 Castelo Branco

5 de Dezembro de 20XX

Caro Sr. Gonçalves,

A Barcos e Pneumáticos, Lda. gostaria de lhe desejar a si e a todos os seus colaboradores uma quadra feliz. Esperamos que o seu estabelecimento tenha sido abençoado com clientes excepcionais, como o nosso foi.

• Votos de Boas Festas

Temos a felicidade de ter clientes como a Velocidade na Água e esperamos no próximo ano manter esse relacionamento. Sabemos que a nossa prosperidade depende dos nossos clientes.

• Pormenorização (opcional)

Muito obrigada por ajudar a tornar a Barcos e Pneumáticos, Lda. uma das líderes nacionais. Os nossos votos sinceros de Boas Festas para todos na Velocidade na Água.

• Agradecimento
• Optimismo

Festas Felizes,

Assinatura

Rosa Mendes
Presidente

CARTA 147

FESTAS E ALEGRIA
Apartado 8473
2695-670 São João da Talha

18 de Abril de 20XX

Delta Mercadorias
Rua Dr. Amílcar Brás
2000-210 Santarém

ASSUNTO: PEDIDO DE CRÉDITO NA CONTA

Ex.mos Senhores,

Os Coelhos Orelhudos que comprei na vossa empresa não saltam. Estou, por isso, a devolvê-los e a pedir que depositem na minha conta a quantia cobrada, acrescida das despesas de envio.

• Motivo do pedido (específico)

Os Coelhos Orelhudos que chegaram à minha loja têm mecanismos defeituosos, que provocam a sua queda para a frente e não o salto – como prometido na vossa brochura de vendas. Como planeio saldar a minha linha de produtos sazonais nas próximas três semanas, desejo que a minha conta fique com um crédito em vez de substituírem a mercadoria defeituosa. Poderão encontrar em anexo as cópias da vossa factura n.º 1342 no montante de 36 euros e a factura de despesas de envio no valor de 2,95 euros.

• Pormenores

• Anexo

Os vossos produtos de qualidade sempre se venderam bem na minha loja e aguardo com expectativa conhecer a vossa nova linha de artigos para o Outono assim que estiverem disponíveis. Entretanto, agradecia a vossa imediata atenção para este assunto.

• Acordo

• Pedido (geral)

Andreia Almeida

132 CORRESPONDÊNCIA COMERCIAL EFICAZ

Nesta carta, o redactor assume parte da responsabilidade, mas deixa claro o que é esperado no futuro.

Esta carta pede uma solução para a reclamação. A carta sustenta o pedido com documentação do problema e uma data específica para a sua resolução.

CARTA 148

Av. da Gare, 17
2100-201 Coruche

28 de Maio de 20XX

Clara Nunes
Restaurante O Corvo Branco
Rua do Jardim, 54
2300-329 Tomar

Ex.ma Senhora Clara Nunes,

Estou a escrever devido ao meu desapontamento com a escolha de sobremesa servida à Liga de Profissionais com Êxito no nosso jantar de dia 23 de Maio. Não acredito que gelados com pau sejam uma sobremesa apropriada para um encontro de negócios como o nosso.
• Objectivo

A qualidade da comida e o serviço nos nossos encontros é geralmente muito bom. É por esta razão que continuamos a utilizar as vossas instalações e porque fiquei surpreendida com a sobremesa. Posso não ter sido suficientemente específica quando revimos o menu. Embora tenhamos discutido em pormenor os artigos a serem incluídos no bufete do jantar, a sobremesa era apenas definida no nosso contrato como "gelado a ser servido individualmente". Deveria ter sido mais pormenorizada no meu pedido.
• Acordo

• Responsabilidade (partilhada)

Por favor certifique-se de que receberei a 25 de Junho um menu específico para o nosso jantar de Julho, para que o possa rever antes de assinar o contrato de serviço. Isto ajudará a evitar quaisquer futuros mal-entendidos.
• Pedido

Atentamente,

Assinatura

Noémia Barbosa

CARTA 149

Mercadorias A-1
Apartado 1276
6050-350 Nisa

11 de Maio de 20XX

Renato Borges
Construtores Borges
Apartado 5692
6050-350 Nisa

Assunto: Reparação de telhado, factura n.º 1724 de 11 de Março de 20XX

Ex.mo Senhor Renato Borges,

O telhado que reparou em Março continua com uma infiltração ao longo da parede sul do nosso armazém de mercadorias. Por favor queira reparar o telhado até dia 1 de Junho de 20XX, sem custos, como está expresso na garantia de dois anos.
• Razão do pedido

O Sr. José Silva, um trabalhador da sua empresa, examinou o telhado e informou-me de que as novas juntas colocadas entre o telhado e as paredes de tijolos circundantes não foram adequadamente instaladas. Avisou-me também que o telhado irá continuar com infiltrações até o problema estar resolvido.
• Pormenores

Felizmente, antes da última tempestade, conseguimos tirar a mercadoria da zona antes de ocorrer qualquer estrago. Contudo, a minha empresa não pode dar-se ao luxo de perder este espaço de armazenagem, por isso todas as reparações adicionais têm de ser completadas até 1 de Junho.
• Pormenores

Por favor entre em contacto comigo na semana de 25 de Maio para saber quando devo aguardar os vossos trabalhadores.
• Pedido

Atentamente,

Assinatura

Ana Mendonça
Presidente

CARTAS SOBRE O RELACIONAMENTO COM OS CLIENTES 133

Esta carta informa uma empresa sobre uma reclamação.

CARTA 150

JRD, Lda.
Apartado 6864
4800-414 Guimarães

12 de Dezembro de 20XX

Dr. Fernando Cabrita, Administrador Geral
Hotel Berço do Conquistador
Rua do Centro Histórico, 35
4810-550 Guimarães

Ex.mo Senhor Dr. Fernando Cabrita,

Estou a contactá-lo devido às instalações, comida e serviço do jantar de Natal que a empresa JRD ofereceu aos seus colaboradores na noite de terça-feira, 11 de Dezembro, no Berço do Conquistador.

Em primeiro lugar, a sala B era demasiado fria para um jantar confortável – com várias correntes de ar fortes ao longo da parede ocidental. Os sistemas de som das festas nas salas A e C estavam altos e eram fontes de distracção tanto para os nossos *entertainers* como para os convidados.

Em segundo lugar, o serviço foi extremamente pobre – tínhamos contratualizado jantar às 18h30 e os primeiros convidados não foram servidos antes das 20h00. O prato principal estava frio, o gelado da sobremesa estava derretido.

Em terceiro lugar, não estava ninguém disponível do departamento de Vendas e *Catering* para oferecer ajuda e aqueles com quem falámos no balcão de entrada não eram "responsáveis".

Para remediar a situação, agradecia que reduzisse a nossa conta de arrendamento da sala e comida para metade. Envio em anexo o nosso acordo com o total original. E, por favor, tenha sempre um representante das Vendas e *Catering* de serviço em qualquer acção futura da JRD no Berço do Conquistador.

Durante mais de dez anos, a JRD organizou muitas recepções no vosso hotel. Tendo em conta a nossa longa associação profissional, agradecia a solução deste assunto.

Atentamente,

Assinatura

Vanessa Ribeiro
Em nome de Mário Pinheiro, Presidente

- MOTIVO
- NEGATIVAS
- PORMENORES ESPECÍFICOS
- SOLUÇÃO
- AGRADECIMENTO PELA SOLUÇÃO

Esta carta informa sobre uma reclamação por prejuízos causados durante uma mudança de escritório.

CARTA 151

Oficina de Madeira
Apartado 5557
2400-146 Leiria

29 de Abril de 20XX

Dr. Ricardo Leão, Presidente
Grandes Mudanças
Apartado 5748
2410-501 Leiria

Ex.mo Senhor Dr. Ricardo Leão,

Serve a presente para o informar da nossa reclamação por danos e prejuízos contra a Grandes Mudanças. A 27 de Abril, a Oficina de Madeira mudou os seus escritórios da Rua 8 de Dezembro para a Rua do Sol. A factura da Grande Mudanças tinha o número 8648.

Quando o mobiliário foi descarregado e colocado no novo escritório, descobri um risco com 30 centímetros ao longo de um armário esmaltado (fotografia em anexo). Tenciono ter o estrago desta peça valiosa reparado imediatamente e envio em anexo cinco orçamentos para o trabalho. São todos aproximados no preço, mas prefiro usar a Restauros e Recuperação, porque fizeram reparações para mim no passado e garantem o trabalho. O orçamento da Restauros e Recuperação para a reparação do armário esmaltado é de 750 euros.

O meu contrato convosco cobre perdas ou estragos até mil euros. Por favor enviem o vosso cheque de reparação dos danos (750 euros) para:

> Daniel Fernandes
> Presidente
> Oficina da Madeira
> Apartado 5557
> 2400-146 Leiria

Atentamente,

Assinatura

Daniel Fernandes

- OBJECTIVO
- PORMENORES
- MOTIVOS
- DECISÃO
- SOLUÇÃO

Checklist:

- [ ] Utilizou um tom positivo?
- [ ] A carta faz o cliente sentir-se valorizado?
- [ ] Introduziu o tópico da carta na primeira parte?
- [ ] Incluiu todos os pormenores necessários para o cliente?
- [ ] Incluiu um número de telefone, se apropriado, para o cliente o poder contactar?
- [ ] Apresentou uma solução para o problema?
- [ ] Tomou na carta a iniciativa para a acção que deseja?
- [ ] Incluiu todas as informações de *background* ou pormenores necessários na segunda parte da carta, para que o cliente a perceba?
- [ ] Fez um resumo, agradeceu ou pediu desculpas novamente na última parte da carta?
- [ ] Se recebesse a carta, como se sentiria?

Capítulo 12
CARTAS PARA OS *MEDIA*

Neste capítulo encontram-se exemplos que o ajudam a escrever cartas para os *media* (jornais, estações de televisão, revistas). As categorias mais alargadas são as que se seguem:

- Carta sobre um evento – lançamento de uma campanha de vendas.
- Carta sobre um evento – livro recentemente publicado.
- Carta sobre um evento – aniversário.
- Nota à imprensa – aniversário.
- Nota à imprensa – palestra.
- Nota à imprensa – promoção.
- Nota à imprensa – novo colaborador.
- Carta a pedir para fazer um discurso.
- Carta a solicitar uma correcção.

Na margem de cada página, irá encontrar uma breve explicação de cada parte da carta. A primeira identifica cada uma delas. As cartas seguintes indicam apenas as alterações ao formato básico.

Guia passo a passo

As cartas para os *media* são utilizadas nos negócios como uma forma de obter a atenção do público. A exposição nos *media* é publicidade gratuita e a pessoa de negócios inteligente utiliza-a para vender o seu negócio e os seus serviços ou produtos. A carta em si é uma ferramenta de vendas.

Passo 1: A primeira parte da carta ou nota à imprensa declara o seu objectivo. Pode ser qualquer coisa, desde anunciar um novo colaborador a pedir uma correcção.

Passo 2: A segunda parte da carta ou nota à imprensa explica a primeira, facultando pormenores ou exemplos sobre ela. Deve incluir todas as informações importantes relacionadas com o evento ou situação. Se, por exemplo, estiver a anunciar um novo colaborador, na segunda parte deve dar os pormenores sobre esse colaborador. Nesta secção responda sempre às questões do tipo quem, o quê, quando, onde, porquê e, se for apropriado, como.

Passo 3: A última parte da carta funciona como um resumo, lembrando ao receptor a natureza geral da carta. Pode também ser utilizada como um agradecimento.

Nota: Encontra-se no final deste capítulo uma *checklist* para utilizar quando escrever uma carta para os *media*.

CARTAS PARA OS *MEDIA* 137

Carta sobre um evento – lançamento de uma campanha de vendas

Alerte os *media* para o lançamento de uma campanha de vendas e convide-os a cobrir o evento.

CARTA 152

Pecado Capital
Praça da República, 50 • 3800-243 Aveiro

16 de Março de 20XX

Pedro Mendonça, Director da estação
Ondas Curtas
Rua Infanta Dona Maria, 11
3810-120 Aveiro

Ex.mo Senhor Pedro Mendonça,

A 25 de Março, a Pecado Capital irá anunciar o vencedor do concurso "Quantos cálices num camião". Vamos fazê-lo ao meio-dia em frente ao nosso escritório, na Praça da República, n.º 50.

O nosso concurso "Quantos cálices num camião" dura há cerca de três meses e um dos mais de quatro mil participantes será o feliz vencedor de mil euros. Também iremos doar na mesma ocasião mil euros ao Refúgio dos Sem-Abrigo. O conjunto Sapatos Altos irá actuar durante a recepção que se seguirá.

Temos a certeza de que este evento seria do interesse dos ouvintes do programa "Olhar sobre Aveiro" ao meio-dia, devido à enorme resposta que tivemos ao concurso.

Muito obrigada pela sua atenção.

Saudações cordiais,

Assinatura

Helena Torres
Presidente

- CABEÇALHO
- DATA
- MORADA DO RECEPTOR
- SAUDAÇÃO
- ANÚNCIO
- EXPLICAÇÃO
- PORMENORES ESPECÍFICOS
- RESUMO
- AGRADECIMENTO
- SAUDAÇÃO FINAL
- ASSINATURA
- NOME DACTILOGRAFADO

Carta sobre um evento – livro recentemente publicado

Dê a conhecer aos *media* um livro recentemente publicado.

CARTA 153

Castelos de Areia
Rua de Moçambique, 43 • 4000-037 Porto

12 de Setembro de 20XX

Sofia Dias
WWW Media
Rua Inês de Castro, 21
4250-204 Porto

Ex.ma Senhora. Sofia Dias,

Publiquei recentemente um livro intitulado *Empresário em Risco*. Envio-lhe um exemplar para ler.

O tema é digno do seu programa matinal "Bom Dia Porto" e estaria interessado em discutir o livro como convidado no seu programa. A ideia é que os empresários estão em risco em Portugal e em breve serão uma espécie em vias de extinção. Este é um tópico muito actual, dado que irá realizar-se em breve um fórum sobre empresários no Teatro Tivoli.

Envio em anexo uma biografia minha, uma sinopse do livro e uma nota à imprensa da minha editora. Espero que tenha tempo para os ler. Muito obrigado pela sua atenção.

Atentamente,

Assinatura

Marco Lebre
Presidente

- ANÚNCIO
- EXPLICAÇÃO
- PERSUASÃO
- RESUMO
- AGRADECIMENTO

Carta sobre um evento – aniversário

Utilize esta carta para alertar os *media* para o aniversário da sua empresa.

CARTA 154

Auto Bólides
Rua Luís de Camões, 12 • 2710-144 Sintra

19 de Maio de 20XX

Joaquim Martins
Rádio Sem Fios
Rua Gil Vicente, 54
2710-590 Sintra

Ex.mo Senhor Joaquim Martins,

A Auto Bólides vai fazer 50 anos a 29 de Maio, o que nos irá tornar o *stand* de automóveis mais antigo de Sintra. Vamos organizar uma celebração de três dias. • **Anúncio**

A 29 de Maio, vamos dar início à celebração do nosso aniversário com passeios de balão gratuitos e uma subida às 18h00. A 30 de Maio, teremos o mais antigo piloto de corridas de automóveis, Ricardo Lourenço, a dar autógrafos das 14h00 às 16h00. A 31 de Maio às 17h30, apresentaremos o nosso desenho de um Buick Reatta, seguido de um piquenique aberto ao público. Durante os três dias, haverá exibições de automóveis antigos e rodas gigantes para as crianças. Pensamos que o nosso aniversário daria uma bela reportagem no vosso segmento "Vizinhos" do noticiário das 18h00. • **Explicação** • **Pormenores específicos**

Segue em anexo um folheto que descreve as festividades completas. Muito obrigado por nos ajudar a celebrar o nosso aniversário. • **Resumo** • **Agradecimento**

Atentamente,

Assinatura

Ivo Barbosa
Presidente

Nota à imprensa – aniversário

Utilize esta nota à imprensa para alertar os *media* para um aniversário da empresa.

CARTA 155

Biscoitos Vieira
Rua Damião de Góis • Beja 7800-395 Beja

29 de Janeiro de 20XX
PARA PUBLICAÇÃO IMEDIATA

A 5 de Fevereiro de 20XX, a Biscoitos Vieira irá celebrar o seu 50.º aniversário, o que faz de nós a fábrica de biscoitos mais antiga de Beja e a segunda mais antiga do Alentejo. • **Anúncio**

A Biscoitos Vieira foi fundada a 5 de Fevereiro de 195X, por Jaime Vieira. No início, tinha apenas três colaboradores e estava localizada na Rua Almeida Garrett, no centro de Beja. Já depois do 25 de Abril, a Biscoitos Vieira mudou-se para a morada actual na Rua Damião de Góis e tem hoje 25 colaboradores a tempo inteiro. As especialidades da empresa são os pães de Deus, os biscoitos de chocolate e as barras patenteadas de duplo chocolate. • **Explicação** • **Pormenores específicos**

A Biscoitos Vieira vai abrir as portas da sua fábrica ao público no dia 5 de Fevereiro. Esperamos crianças de várias escolas locais, utentes de vários lares e associações, bem como os nossos clientes habituais. Teríamos muito gosto que passassem por cá para provar amostras grátis.

PARA MAIS INFORMAÇÕES CONTACTAR: • **Informações para contacto**

Diogo Vieira
Presidente

CARTAS PARA OS *MEDIA* 139

Nota à imprensa – palestra

Utilize esta nota à imprensa para avisar os *media* de uma palestra.

Nota à imprensa — promoção

Utilize esta nota à imprensa para avisar os *media* sobre uma promoção na sua empresa.

CARTA 156

Escola Secundária dos Descobrimentos
Avenida das Ilhas, 8 • 9500-049 Ponta Delgada
296 XXX XXX

2 de Abril de 20XX
PARA PUBLICAÇÃO IMEDIATA

O Doutor Gilberto Morais, notável historiador, irá dar uma palestra a 20 de Abril de 20XX na Escola Secundária dos Descobrimentos. Irá falar sobre "História no desenvolvimento: como os eventos actuais redefinem a nossa vida."

O Doutor Gilberto é um perito em tendências na História. É professor de História na Faculdade de Letras, em Lisboa. Actualmente está com uma licença sem vencimento da faculdade para poder dar palestras sobre este tópico. O seu discurso tem sido bem recebido em todo o país. Irá explicar como a queda do Muro de Berlim nos afectou a todos. Depois do discurso, o Doutor Morais irá apresentar um simpósio sobre tendências de negócios em Portugal. Irá autografar antes do discurso, às 19h00, o seu *best-seller*, *Acorda, Portugal*, no átrio do Auditório Infante D. Henrique.

PARA MAIS INFORMAÇÕES CONTACTAR:
Sara Crespo
Escola Secundária dos Descobrimentos

- Anúncio
- Tema
- Explicação
- Pormenores específicos
- Informações para contacto

CARTA 157

Brand, Lda.
Rua dos Anjos, 5• 4800-414 Guimarães
253 XXX XXX

30 de Agosto de 20XX
PARA PUBLICAÇÃO IMEDIATA

A Brand, Lda. anuncia a promoção de Ricardo Pinheiro a Director Financeiro. Irá substituir Armando Seixas, que se reformou.

Ricardo Pinheiro entrou para a Brand, Lda. em Março de 19XX como contabilista e foi promovido em 19XX a Chefe de Departamento, Crédito Malparado. Em 20XX, foi promovido a Chefe de Divisão, Relações com Clientes. Estudou no Instituto Politécnico do Porto e é Revisor Oficial de Contas. Anteriormente, trabalhou na Conta-Corrente.

PARA MAIS INFORMAÇÕES CONTACTAR:
David Mota
Departamento de Recursos Humanos
Brand, Lda.

Segue em anexo uma fotografia a preto e branco.

- Anúncio
- Explicação
- Pormenores específicos
- Informações para contacto

Nota à imprensa – novo colaborador

Utilize esta nota à imprensa para anunciar aos *media* que irá entrar um novo colaborador para a sua empresa.

CARTA 158

PERSIANAS ZARCO
Travessa da Aldeia, 7 • 9000-208 Funchal

17 de Outubro de 20XX
PARA PUBLICAÇÃO IMEDIATA

A Persianas Zarco anuncia que Natália Pacheco foi contratada como Directora de Vendas. Irá começar no novo cargo a 2 de Novembro.

• Anúncio

Natália Pacheco é natural da Madeira e anteriormente trabalhou na Estores de Madeira, em Porto Santo, como Coordenadora de Vendas. Tem o curso de *Design* de Interiores do Instituto do *Design* de Lisboa. O *design* de Natália Pacheco para o "Projecto de Embelezamento da Casa" da Bela Casa ganhou no ano passado o primeiro prémio nessa prestigiosa competição.

• Explicação

• Pormenores específicos

PARA MAIS INFORMAÇÕES CONTACTAR:
Liliana Saraiva
Persianas Zarco

• Informações para contacto

Segue em anexo uma fotografia a preto e branco.

Carta a pedir para fazer um discurso

Utilize esta carta quando pretender fazer um discurso ou uma apresentação.

CARTA 159

Energias Renováveis
Rua da Alegria, 6 • 1700-143 Lisboa

7 de Maio de 20XX

Eng. João Lobo, Director de Programa
Instituto do Ambiente
Rua da Universidade, 4
1300-501 Lisboa

Ex.mo Senhor Eng. João Lobo,

Teria muito gosto em fazer parte do programa do próximo *Workshop* do Instituto do Ambiente, em Outubro de 20XX, a realizar-se em Coimbra. A minha apresentação sobre chuvas ácidas e o seu efeito no Noroeste do país enquadra-se no tema "Consequências Ambientais".

• Pedido

Segue em anexo um resumo da apresentação que proponho. Como pode ver, a minha recente pesquisa para a nossa empresa mostra os danos irreversíveis provocados no Noroeste do país pelas chuvas ácidas. A apresentação que preparei foi bem recebida na Conferência da Terra Global no Porto e, na semana passada, na Conferência sobre Preocupações Ambientais realizada em Évora. Também está em anexo uma lista de outras apresentações que fiz sobre questões ambientais.

• Explicação
• Pormenores específicos

• Anexos

Muito obrigado pela sua atenção.

Atentamente,

Assinatura

André Moledo

• Agradecimento

Carta a solicitar uma correcção

Utilize esta carta para solicitar que seja feita uma correcção a uma notícia publicada ou difundida.

CARTA 160

Rebelo e Filhos
Rua de Santiago, 54 • 2080-030 Almeirim

11 de Agosto de 20XX

Artur Benavente, Editor
Notícias da Terra
Rua Principal, 98
2080-620 Almeirim

Ex.mo Senhor Artur Benavente,

O seu artigo sobre a Rebelo e Filhos publicado na última edição do *Notícias da Terra* foi muito apreciado. Contudo, há uma correcção que precisa de ser feita.

• Correcção

No artigo declara que a Rebelo e Filhos cresceu 15 por cento no último ano. Na realidade, crescemos 25 por cento no último ano – 15 por cento dos quais no mês passado. Talvez isto pareça uma questão trivial, mas o número menor é publicidade negativa para a Rebelo. Poderia por favor fazer uma correcção na próxima edição?

• Explicação
• Pormenores específicos

• Pedido

Muito obrigado pela atenção. Apreciamos o bom trabalho que está a fazer.

• Agradecimento
• Optimismo

Atentamente,

Assinatura

Jorge Rebelo
Presidente

Checklist:

- [ ] Utilizou um tom positivo?
- [ ] A carta vende-se a si própria?
- [ ] Introduziu o tópico da carta na primeira parte?
- [ ] Incluiu todos os pormenores necessários aos *media*, como data, hora e local do acontecimento?
- [ ] Incluiu o seu nome, de modo a poder ser contactado para confirmação?
- [ ] Incluiu todas as informações de *background* ou pormenores necessários na segunda parte da carta?
- [ ] Fez um resumo na última parte?
- [ ] Se recebesse a carta, faria o que está a pedir ao receptor para fazer?

Capítulo 13
CORREIO ELECTRÓNICO

O correio electrónico, ou *e-mail*, é uma forma relativamente nova de comunicação escrita no mundo dos negócios. A utilização do *e-mail* responde às necessidades dos ritmos acelerados dos negócios e da sociedade. Há vantagens e desvantagens na sua utilização. Velocidade e conveniência são as principais vantagens, enquanto a falta de privacidade e de segurança são as desvantagens. Alguns no mundo dos negócios desaprovam a utilização do *e-mail* devido à informalidade. O número de *e-mails* perdidos e *"junk mail"* que causou situações embaraçosas a colaboradores pode confirmar as opiniões de que é uma forma inapropriada de correspondência. Por isso, utilize o *e-mail* com prudência e cordialidade. Este capítulo irá dar-lhe dicas e técnicas para práticas de *e-mail* inteligentes.

- Anúncio de reunião.
- Confirmação de mensagem.
- Anúncio da alteração do estatuto de um cliente.
- Quando utilizar o *e-mail*.
- Pedido de ajuda.
- Pedido de materiais encomendados.
- Seja prudente.
- Oferta de projecto.
- Seguimento de projecto.
- Elogio a colaborador pelo trabalho.
- Sugestões: *smileys*, acrónimos, letras maiúsculas e *"flaming"*.
- Prós e contras da utilização do *e-mail*.

Na margem de cada página, irá encontrar uma breve explicação de cada parte do *e-mail*. A primeira carta identifica cada secção da mensagem. As mensagens seguintes indicam apenas as alterações ao formato básico.

Guia passo a passo

Numa empresa, o *e-mail* é utilizado principalmente para comunicar a nível interno, dando ao utilizador a vantagem de chegar a várias pessoas de forma rápida e em simultâneo. Pode ser utilizado para enviar avisos para os departamentos, actualizar os elementos de uma equipa sobre um projecto ou informar os colaboradores sobre os benefícios ou oportunidades de formação. A mensagem de *e-mail* pode ser impressa pelo receptor para ser usada como documentação. Embora o humor e a informalidade possam ser aceitáveis neste tipo de correspondência, o *e-mail* é estritamente uma ferramenta para comunicação rápida.

Passo 1: A maior parte dos *e-mails* têm caixas que parecem semelhantes ao formato de um memorando. Complete primeiro as caixas Para:, De: e Assunto:. O *software* do servidor grava a data e a hora em que a mensagem foi enviada.

Passo 2: Faça um plano, depois seja breve e não esconda nenhum facto. Uma grande quantidade de *e-mails* são enviados com erros e são seguidos por segundas e mesmo terceiras mensagens, tentando corrigir ou actualizar as informações enviadas na primeira. Demore o tempo que for preciso a delinear a mensagem e depois certifique-se que a revê cuidadosamente antes de carregar no botão de enviar!

Esta é uma forma de comunicação na qual o receptor espera que vá directo ao assunto. Faça o seu pedido ou partilhe o seu objectivo na primeira frase.

Passo 3: Mantenha-o simples e directo. O formato de mensagem que se envia pode muitas vezes ser desconfigurado na transmissão, criando efeitos aborrecidos para o receptor. Mantenha o formato e o texto simples para reduzir a ocorrência de mensagens desconfiguradas

Passo 4: Termine. Como os *e-mails* vêm com uma caixa De:, o receptor sabe quem enviou a mensagem. Pode querer ou não acrescentar uma saudação final e o seu nome. Tenha em conta o receptor, o contexto da mensagem e se a cortesia utilizada é apropriada. Existem várias opções, incluindo "Cumprimentos", "Obrigado" ou apenas as suas iniciais.

Nota: São negócios!

Não se esqueça de manter sempre o tom de negócios. Escreva com clareza e eficácia, utilize um português corrente e seja sempre cordial!

Tenha cuidado quando enviar material que pode ser sensível ou confidencial. Pense no *e-mail* como um postal – há a possibilidade de toda a gente o ler. As mensagens podem ser interceptadas ou reencaminhadas, tanto acidental como intencionalmente, sem o seu conhecimento ou consentimento.

Encontra-se no final deste capítulo uma *checklist* para utilizar quando escrever um *e-mail*.

146 CORRESPONDÊNCIA COMERCIAL EFICAZ

Anúncio de reunião

Este *e-mail* é utilizado por um supervisor para marcar uma série de reuniões e para anunciar a primeira reunião marcada.

Anúncio de alteração do estatuto de um cliente

Esta mensagem anuncia a alteração do estatuto de um cliente e explica uma situação pouco comum e como tem de ser encarada.

E-MAIL 1

Para: Gestores de Departamento
De: Eduardo Macedo
Assunto: Reuniões de orçamento

Iremos reunir para planear os orçamentos para o próximo ano. Prevejo que serão necessárias três ou quatro reuniões para termos os números na mesa e depois trabalhá-los para as estimativas finais.

A primeira reunião será realizada a 2 de Novembro às 10h00 na sala de reuniões. Iremos definir as datas/horas das restantes reuniões na primeira. Tragam as estimativas para o orçamento dos vossos departamentos e estejam preparados para explicar como o vosso departamento irá contribuir para a redução de despesas da empresa.

Obrigado,
Eduardo

- INFORMAÇÃO SOBRE REMETENTE/ RECEPTOR/ ASSUNTO
- ANÚNCIO DA REUNIÃO
- CONFIRMAÇÃO DA DATA, HORA E LOCAL
- INFORMAÇÃO SOLICITADA
- SAUDAÇÃO FINAL E "ASSINATURA"

Confirmação da mensagem

Certifique-se de que o correio foi recebido, especialmente as mensagens consideradas de alta prioridade. As redes de *e-mail*, *software* e computadores nem sempre são fiáveis e as mensagens por vezes ficam por entregar. Além disso, não é provável que descubra que a mensagem não foi entregue a menos que peça um "recibo de leitura" ou outro serviço que o seu *software* de *e-mail* forneça.

E-MAIL 2

Para: Todo o pessoal da supervisão
De: Rafael Pires
Assunto: Estatuto da conta da Media Computadores

Entrada em vigor imediata: NÃO FORNEÇAM SERVIÇOS à Media Computadores

A Media Computadores não renovou o contrato connosco, no final do mês passado. Não têm direito a qualquer serviço. Mas, como é evidente, a notícia não é do conhecimento de todos os colaboradores da Media Computadores. Continuamos a receber pedidos deles.

Por favor, certifiquem-se de que todos os elementos da equipa têm conhecimento desta mudança. Pode ser embaraçoso, dado que muitos criaram uma relação com pessoal da Media Computadores, mas não podemos servir uma empresa que já não é cliente.

Se alguém da Media Computadores precisar de discutir este assunto, encaminhe-o para mim na extensão 920 ou para Mónica Pontes na 923.

Obrigado pela vossa ajuda nesta situação.

Rafael Pires

- DESCRIÇÃO DA MUDANÇA DE ESTATUTO
- INFORMAÇÃO ADICIONAL
- INFORMAÇÕES PARA CONTACTO

Quando utilizar o *e-mail*

- Para chegar rapidamente a muitas pessoas ao mesmo tempo.
- Para enviar uma mensagem curta e pessoal que não exige o cabeçalho oficial e a assinatura.
- Para enviar uma mensagem que não precisa da segurança ou confidencialidade do correio tradicional.

CORREIO ELECTRÓNICO 147

Pedido de ajuda

Este *e-mail* é utilizado para pedir a toda a equipa que ajude a localizar um arquivo desaparecido.

E-MAIL 3

Para: Equipa do Departamento de Recursos Humanos
De: Rodrigo Barros
Assunto: Arquivo desaparecido do Banco de Capital

Não conseguimos localizar o arquivo do projecto do Banco de Capital. Se o levou emprestado, o encontrou ou sabe onde possa estar, por favor ligue-me o mais rapidamente possível para a ext. 1310.

Obrigado!
Rodrigo

• Pedido

Pedido de materiais encomendados

Um *e-mail* directo pode ser uma forma muito eficaz de fazer um pedido rápido e informal.

E-MAIL 4

Para: Guilherme Miranda
De: Filipe Vasconcelos
Assunto: S*lides* de apresentação por entregar

Guilherme,

Ia entregar-me ontem os *slides* do projecto Campelo. Ainda não chegaram.

Por favor entre em contacto comigo o mais rapidamente possível! Precisamos desses *slides* para a apresentação de amanhã à tarde!

Também deixei uma mensagem no seu *voice mail* esta manhã.

Filipe

• Pedido

• Informação
  adicional

Seja prudente

Quanto mais grave for a mensagem, menos apropriada é a utilização do *e-mail* para a sua comunicação. Qualquer tipo de más notícias nunca deve ser enviado por *e-mail*. As informações formais podem ser modificadas, forjadas ou duplicadas facilmente num formato de *e-mail*. Nunca envie uma comunicação que não estivesse disposto a transmitir pessoalmente. Tenha sempre em conta se a piada ou memorando bem-humorado seria algo que partilharia com o seu chefe antes de o reencaminhar para alguém.

Oferta de projecto

O *e-mail* pode ser uma forma rápida de oferecer informalmente um contrato ou projecto a um colaborador ou cliente externo. Como com qualquer oferta de emprego, não se esqueça de considerar a mensagem de *e-mail* como um contrato. Resuma todas as informações essenciais que a pessoa irá precisar para tomar a decisão de aceitar ou rejeitar o projecto.

E-MAIL 5

Para: Serafim Morais
De: Hélio Pedroso
Assunto: Projecto de revisão de livro

Serafim,

Tenho um projecto de revisão de um livro se estiveres interessado. O livro é *Comunicação Empresarial Facilitada*. Foi revisto pela última vez em 1993.

Os pontos de revisão incluirão:

- Actualização das secções
- Actualização dos exemplos e linguagem nos exemplos
- Acrescentar uma secção sobre o *e-mail*
- Acrescentar estratégias de comunicação para situações novas ou modificadas

Isto seria trabalho de prestação de serviços. O prazo de entrega é de cerca de dois meses (texto a 29 de Novembro). O pagamento é de 2 600 euros.

Se estiveres interessado, entrego-te o livro amanhã para dares uma olhadela. Temos de ter um contrato até meados da semana.

Obrigado,

Hélio

Marginalia:
- OFERTA
- BACKGROUND
- DESCRIÇÃO DOS OBJECTIVOS DO PROJECTO
- PAGAMENTO E PRAZO

Seguimento de projecto

O *e-mail* é uma forma conveniente de comunicação quando o objectivo principal é partilhar informação. Uma chamada telefónica pode demorar mais tempo do que é realmente necessário para partilhar apenas informação e uma carta formal iria exigir mais trabalho e recursos do que os necessários.

Segue-se uma mensagem que descreve o plano de acção do colaborador e faz um pedido de *input*. O remetente refere que a mensagem tem um anexo, assegurando-se de que o receptor o irá procurar.

E-MAIL 6

Para: Hélio Pedroso
De: Serafim Morais
Assunto: Resumo da revisão

Hélio,

Segue em anexo a descrição global dos planos que tenho para rever o projecto CEF. Vou começar a trabalhar directamente com o texto que me enviaste, mas gostava que revisses estes planos para ter o teu *input*/orientação.

Vou acrescentar informações adicionais sobre a utilização de postais no Capítulo 3. E vou redigir um novo capítulo sobre reuniões de negócio informais (isto é, no café, na livraria, etc.).

A menos que aconteça algum imprevisto, prevejo que este projecto esteja concluído no final da próxima semana. Espero que chegue à tua equipa de *layout* com muito tempo de antecedência.

Como sempre, a tua opinião é valiosa e apreciada!

Serafim

Marginalia:
- REFERÊNCIA AO ANEXO
- DECLARAÇÃO DO OBJECTIVO E PEDIDO
- INFORMAÇÕES ADICIONAIS SOBRE OS PLANOS
- PRAZO

CORREIO ELECTRÓNICO 149

Elogio a colaborador pelo trabalho

Um *e-mail* pode ser uma forma pessoal de agradecer a alguém pelo seu excelente trabalho num projecto ou proposta. O remetente também tem a opção de reencaminhar cópias deste agradecimento para outros elementos do departamento, como reconhecimento público do trabalho do colaborador.

E-MAIL 7

Para: Rodolfo Carreira
De: Gaspar Ferro
Assunto: Obrigado!

Rodolfo,

Obrigado pelo excelente trabalho no projecto Cartão Dourado! Como sabe, era um projecto muito importante para o nosso grupo e foi graças a si que ficou pronto a tempo.

Eu e todos os outros no *marketing* apreciamos verdadeiramente e aplaudimos o seu trabalho!

Cumprimentos,

Gaspar

- Reconhecimento do trabalho bem feito
- Mensagem de apreço

Sugestões

Smileys, ou *emoticons*, são caracteres do teclado usados para criar caras que expressam emoções. Embora alguns dos peritos do computador considerem estas expressões acrescentos engraçados à mensagem de *e-mail*, muitos consideram-nos demasiado humorísticos para os negócios. Limite a sua utilização a receptores que tem a certeza de que não se importam.

A utilização de **acrónimos** e de **abreviaturas** *on-line* deve também ser limitada a receptores familiarizados. Nem todos sabem que IOW significa "in other words"* ou que IMHO significa "in my humble opinion"**.

Utilizar **LETRAS MAIÚSCULAS** é inapropriado na comunicação por *e-mail*. Todas as mensagens em maiúsculas são muito mais difíceis de ler e indicam que se está a gritar. Use as maiúsculas para ocasionalmente REFORÇAR algumas palavras.

"*Flaming*" é um termo *on-line* para mensagens que são excessivamente emocionais, hostis ou ofensivas. Certifique-se de que verifica o tom da sua mensagem e mantenha as suas emoções controladas.

---

* **N. T.** "Por outras palavras".

** **N. T.** "Na minha modesta opinião".

Checklist:

- ☐ Completou as informações para/de/assunto?
- ☐ Fez o pedido ou partilhou o objectivo na primeira ou segunda frase?
- ☐ Manteve o formato e o texto simples para evitar a transmissão desconfigurada?
- ☐ Escreveu com clareza, eficácia e cordialidade?
- ☐ Verificou o conteúdo da sua mensagem em relação a questões de sensibilidade, confidencialidade e privacidade?
- ☐ Incluiu todas as informações de *background*, pormenores do projecto e especificidades do pedido, de modo a que o receptor compreenda as suas expectativas?

Prós e contras dos *e-mails*

Prós	*Contras*
• Entrega rápida e fácil para negócios "oficiais".	• Poderá não ser o mais apropriado.
• O tom pode ser muito pessoal.	• Muitas vezes, o texto fica desconfigurado na cópia do receptor.
• Pode chegar a muitos leitores ao mesmo tempo.	• Não é completamente seguro e confidencial.
• Os utilizadores podem imprimir cópias.	• Não é uma "verdadeira" cópia com assinatura.
• O receptor pode guardar a mensagem num ficheiro.	• O receptor tem de ter um computador e *software* de *e-mail*.
• Fácil para o receptor responder.	• Pode ser reencaminhada acidentalmente.
• Sem custos.	
• Pode ser reencaminhada para outro receptor.	
• Elimina papel desnecessário.	
• Possibilita aos trabalhadores que não estão no local colaborar facilmente nos projectos.	

Gostou deste livro? Oferecemos-lhe a oportunidade de comprar outros dos nossos títulos com 10% de desconto. O envio é gratuito (correio normal) para Portugal Continental e Ilhas.

Título	Preço		Colecção Espírito de Negócios	Preço
Sociedade Pós-Capitalista — Peter F. Drucker	19 € + iva = 19,95 €		*Gestão do Tempo* — Polly Bird	18 € + iva = 18,90 €
Liderança Inteligente — Alan Hooper e John Potter	19 € + iva = 19,95 €		*O Poder do Pensamento Positivo nos Negócios* — Scott W. Ventrella	18 € + iva = 18,90 €
O que é a Gestão — Joan Magretta	19 € + iva = 19,95 €		*A Arte da Liderança Pessoal* — Randi B. Noyes	18 € + iva = 18,90 €
A Agenda — Michael Hammer	19 € + iva = 19,95 €		*Comunicar com Sucesso* — Perry Wood	18 € + iva = 18,90 €
O Mundo das Marcas — Vários	20 € + iva = 21,00 €		*Persuasão* — Dave Lakhani	18 € + iva = 18,90 €
Vencer — Jack e Suzy Welch	21 € + iva = 22,05 €		*Como destruir uma empresa em 12 meses… ou antes* — Luis Castañeda	18 € + iva = 18,90 €
Como Enriquecer na Bolsa — Mary Buffett e David Clark com Warren Buffett	16 € + iva = 16,80 €		*Ler Depressa* — Tina Konstant	18 € + iva = 18,90 €
Vencer (áudio) — Jack e Suzy Welch	15 € + iva = 18,15 €		*Como gerir pessoas difíceis* — Carrie Mason Draffen	18 € + iva = 18,90 €
O Diário de Drucker (versão capa mole) — Peter Drucker com Joseph A. Maciarello	19 € + iva = 19,95 €		*Saber trabalhar melhor* — Mark Gulston	18 € + iva = 18,90 €
O Mundo é Plano — Thomas L. Friedman	20 € + iva = 21,00 €		*É hora de decidir* — Michael Useem	18 € + iva = 18,90 €
O Futuro é Hoje — John C. Maxwell	19 € + iva = 19,95 €		*A verdade sobre a negociação* — Leigh Thompson	18 € + iva = 18,90 €
Vencedores Natos — Robin Sieger	19 € + iva = 19,95 €		**Colecção Harvard Business School Press**	
Nunca Almoce Sozinho — Keith Ferrazzi com Tahl Raz	19 € + iva = 19,95 €		*Visão Periférica* — George S. Day e Paul J.H. Schoernaker	20 € + iva = 21,00 €
Sou Director, e Agora? — Thomas J. Neff e James M. Citrin	19 € + iva = 19,95 €		*Questões de Carácter* — Joseph L. Badaracco, Jr.	20 € + iva = 21,00 €
O Meu Eu e Outros Temas Importantes — Charles Handy	19 € + iva = 19,95 €		*A estratégia Oceano Azul* — W. Chan Kim e Renée Mauborgne	20 € + iva = 21,00 €
Buzzmarketing — Mark Hughes	19 € + iva = 19,95 €		*Síndrome do Macho Alfa* — Kate Ludenman e Eddie Erlandson	20 € + iva = 21,00 €
A Revolução da Riqueza — Alvin e Heidi Toffler	21 € + iva = 22,05 €		*O Futuro da Gestão* — Gary Hamel	20 € + iva = 21,00 €
A Cauda Longa — Chris Anderson	20 € + iva = 21,00 €		*Cinco Mentes Para o Futuro* — Howard Gardner	20 € + iva = 21,00 €
Vencer: As Respostas — Jack e Suzy Welch	19 € + iva = 19,95 €		**Colecção Jovem Empreendedor**	
Um Nível Superior de Liderança — Ken Blanchard	19 € + iva = 19,95 €		*Por que é que os empreendedores devem comer bananas* — Simon Tupman	19 € + iva = 19,95 €
Know-How — Ram Charan	19 € + iva = 19,95 €		*Qualquer um consegue* — Sahar e Bobby Hashemi	19 € + iva = 19,95 €
Mavericks no trabalho — William C. Taylor e Polly LaBarre	20 € + iva = 21,00 €		**Colecção Conceitos Actuais**	
O Poder de uma Hora — Dave Lakhani	18 € + iva = 18,90 €		*Afinal quem são "eles"?* — B.J. Gallagher e Steve Ventura	16 € + iva = 16,80 €
A Cauda Longa (áudio) — Chris Anderson	17 € + iva = 21,57 €		*O Tao de Warren Buffett* — Mary Buffett e David Clark	12 € + iva = 12,60 €
Onde Estão os Bons Líderes? — Lee Iacocca com Catherine Whitney	19 € + iva = 19,95 €		*As leis "não escritas" da gestão* — W.J. King (actualização de G. Skakoon)	12 € + iva = 12,60 €
O Que é o Lean Six Sigma — Mike George, Dave Rowlands e Bill Kastle	15 € + iva = 15,75 €		*Os melhores conselhos de investimento que recebi* — Liz Claman	12 € + iva = 12,60 €

Total

10% desconto

Custo Final

Pode enviar o pagamento por cheque cruzado, ao cuidado de **Conjuntura Actual Editora, Lda.** para a seguinte morada:
Caixa Postal 180 | Rua Correia Teles, 28-A | 1350-100 Lisboa | Portugal
Por favor inclua o nome completo, morada e número de contribuinte.

Os preços, adequados à data em que o livro foi editado e à disponibilidade, podem ser alterados.
Para mais informações visite o nosso *site*: **www.actualeditora.com**